समर्पण

"यह पुस्तक, मेरी परी स्वरूप बेटी-आइवी
मेरी प्यारी जीवनसंगिनी-नीरजा
एवं
मेरे प्रिय माता-पिता
श्रीमती लीला रॉय चौधरी-श्री बिकाश रॉय चौधरी
को समर्पित
जिन्होंने मुझे सदैव प्रेरित किया है।"

एचआईवी-एड्स

डॉ. बिश्वरूप राय चौधरी

डायमंड बुक्स

www.diamondbook.in

प्रकाशक : डायमंड पॉकेट बुक्स (प्रा.) लि.
X-30, ओखला इंडस्ट्रियल एरिया, फेज-II
नई दिल्ली-110020
फोन : 011-40712200
ई-मेल : sales@dpb.in
वेबसाइट : www.diamondbook.in

एच.आई.वी-एड्स
डॉ. बिस्वरूप रॉय चौधरी

प्रस्तावना

यह किताब आधुनिक संसार के सबसे संवेदनशील विषय को छूती है। इस किताब में बताया गया सच आधुनिक चिकित्सा विज्ञान में मानवता के विश्वास को हिलाने जा रहा है।

एचआईवी/एड्स के सही तथ्यों से जुड़ी हुई भ्रामिक बातें एवं गलतफहमियों को देखते हुए, जो कि हमारे समाज में पूर्व से ही जटिल एवं कलंकित विषय रहा है। इस पुस्तक को दो खंडों में बांटा गया है। पहले भाग में संपूर्ण जानकारी को सरल भाषा में व्याख्या करने की कोशिश की गई है, जबकि दूसरे खंड में वैज्ञानिक समुदाय के लिए अधिक स्वीकार्य एवं उपयोगी प्रारूप है। हालांकि, दोनों ही भागों में उदाहरण पारस्परिक रूप से अनन्य हैं। इसके साथ ही मैं आशा करता हूं कि यह पुस्तक एचआईवी/एड्स के आर्थिक, सामाजिक और मनोवैज्ञानिक बोझ से मानव जाति को हमेशा-हमेशा के लिए राहत देगी।

विषय वस्तु

भाग–1

भाग–2

अध्याय 1

परिचय

एचआईवी-एड्सः 21वीं शताब्दी का सबसे बड़ा झूठ! विश्वास नहीं हो रहा है ना!

आप यह सोच सकते हो कि कोई चिकित्सीय समुदाय इतना गलत कैसे हो सकता है। वह भी इतने लंबे समय के लिए (करीब 35 साल के लिए)। इतिहास को देखते हुए इस तरह की चिकित्सीय धोखाधड़ी दुनिया के लिए नई नहीं है। '*टस्केगी सफाइलस प्रयोग*'[1] एक चिकित्सीय धोखाधड़ी जिसने खुद अपने आपको 40 साल के लिए बरकरार रखा, वह निर्विवादित तौर पर अमरीका द्वारा चिकित्सीय दुराचार का सबसे खराब मामला है। इस घोटाले ने साल 1932 से 1972 के बीच समस्त नीग्रो जनसंख्या को बहुत ही बुरी तरह से प्रभावित किया। ऐसा तब तक जारी रहा, जब तक कि पीटर बॉक्सटन नामक एक मुखबिर ने इसका खुलासा नहीं किया।

"टस्केगी सफाइलस प्रयोग- एक चिकित्सीय धोखाधड़ी, जिसका खुलासा होने या सार्वजनिक होने में 40 साल का समय लगा।"

ठीक इसी तर्ज पर विज्ञान एसएमओएन, (*सबआक्यूट मायलो-ऑप्टिक न्यूरोपैथी*[2]) के मामले में इतनी बुरी तरह से कैसे गलत हो सकता है। जैसे वर्ष 1960 और 1970 के दौरान करीब 15 साल के लिए चिकित्सकों ने अचानक से ही एक नए आंतों के विकार के उभार के लिए एक वायरस (जैसा कि एचआईवी-एड्स के मामले में होता है) को जिम्मेदार ठहराया। इसके इलाज के लिए इन डॉक्टरों ने ऐसी बहुत-सी दवाइयों के साथ इलाज किया जो वास्तव में बीमारी का सबब बन रही थीं! यह केवल 3 अगस्त, वर्ष 1978 की बात थी, जब टोक्यो की एक अदालत ने यह फैसला किया कि एसएमओएन की वजह क्लीओक्विनोल है- यह अपने आप में एक दवा थी। इसके बाद इस दवा की निर्माता कंपनी सिबा-गेगी ने सार्वजनिक रूप से माफी मांगी और यह स्वीकार किया कि इस बीमारी के लिए वायरस नहीं, बल्कि उनकी दवा जिम्मेदार थी।

मुझे एक हालिया उदाहरण के बारे में बताने दें, जिससे आप डायबिटीज से खुद को बेहतर ढंग से जोड़ोगे। अभी सौ वर्ष भी पूरे नहीं हुए हैं, जिस समय पहली बार डायबिटीज की दवा के बारे में पता चला, तब डायबिटीज या मधुमेह के लिए फलों, खासतौर पर मीठे फलों जैसे आम, अंगूर और केले को इसके लिए भी जिम्मेदार ठहराया गया है।

"एसएमओएन अंधेपन, पक्षाघात या मृत्यु का कारण बनता है, एक ऐसा वायरस जिसे 15 साल के लिए दोष दिया जाता रहा।"

हालांकि, सच्चाई यह है कि ये फल वास्तव में डायबिटीज की देखभाल में योगदान दे सकते हैं। फलों में फल शर्करा, रक्त शर्करा या ब्लड ग्लूकोज की मात्रा को घटाती है। हां, मैंने इसे साबित किया है और 23 अक्टूबर, 2017[3] को इससे संबंधित शोध 'मेटाबॉलिक सिंड्रोम' नामक पत्रिका में प्रकाशित हो चुका है। इसके अलावा ठीक इसी काम के लिए 12 नवंबर, 2017 को बड़े स्तर पर जन जागरूक कार्यक्रम का आयोजन किया गया। इस कार्यक्रम का नाम 'डायबिटीज के उपचार के लिए ब्लड शुगर लाइव एक्सपेरीमेंट' था और सोशल मीडिया के जरिए यह जंगल की आग की तरह तेजी से फैल गया।

इस आयोजन का इतना गहरा असर था कि एक तरफ डायबिटीज के मरीज़ों ने बड़ी मात्रा में खाने के लिए मीठे फलों के चयन का अनुभव लेना शुरू कर दिया, तो दूसरी तरफ समूचे विश्व में फैले डायबिटीज के चिकित्सकों ने अखबारों, यू-ट्यूब पर डाले गए वीडियो, ब्लॉगों आदि के जरिए इस पूरे विचार की आलोचना करनी शुरू कर दी। अब जबकि वे अपने मरीजों को खो रहे थे, तो उनकी बेचैनी को समझा जा सकता था। कारण यह था कि डायबिटीज से पीड़ित मरीज दवा की जगह फलों के जरिए नैसर्गिक रूप से अपना उपचार कर रहे थे।

"अगर आप डायबिटीज के मरीज हैं, तो बड़ी मात्रा में फल जैसे आम और केलों का सेवन डायबिटीज के उपचार में मदद कर सकता है- यह एक ऐसा सच है, जिसे करीब एक शताब्दी तक छिपा कर रखा गया!"

जब मुख्यधारा के चिकित्सा विज्ञान ने यह स्वीकार किया कि फल रक्त शर्करा की मात्रा में इजाफा नहीं करते, तो संपूर्ण बहस और चिकित्सीय समुदाय द्वारा की जा रही आलोचना खत्म हो गई। ऐसा शोध लेखक *'100 प्रतिशत फ्रूट जूस और शर्करा नियंत्रण और इंसुलिन संवेदनशीलता के उपाय'* के पोषाहार विज्ञान[4] की पत्रिका में प्रकाशित होने के बाद हुआ। 20 जनवरी, वर्ष 2018 को सभी नामवर इलेक्ट्रॉनिक और प्रिंट मीडिया द्वारा इसे प्रकाशित किए जाने पर सभी का ध्यान इसकी ओर खिंचा, लेकिन दुःख की बात यह है कि इस आधुनिक वैज्ञानिक संसार में भी झूठ और वैज्ञानिक धोखाधड़ी, अगले सौ साल में भी सार्वजनिक हुए बिना भी अपना अस्तित्व बनाए रख सकती है। इससे मुनाफे की मानसिकता वाले चिकित्सीय उद्योग से मानवता को बहुत ही ज्यादा नुकसान होता है।

एक बार फिर से मूल विषय एचआईवी-एड्स पर आते हैं। मैं स्पष्टता के साथ बता दूं कि यह कोई बीमारी नहीं है, बल्कि यह डर का एक व्यापार है।

"एचआईवी-एड्स एक बीमारी नहीं है,
यह डर का एक व्यापार है!"

मृत्यु के डर सहित आप इसे 'डरबन डिक्लरेशन' से समझ सकते हैं। इस घोषणा के तहत यह भविष्यवाणी की गई थी कि एचआईवी-एड्स के कारण, एक साल के आस-पास की समयावधि में 24 मिलियन लोगों को मौत हो जाएगी। इसके उलट, सच यह है कि एचआईवी-एड्स की परिकल्पना के जन्म लेने के समय अर्थात् वर्ष 1984 में अफ्रीका महाद्वीप की आबादी 400 मिलियन थी और अब यह करीब 1-50 बिलियन तक पहुंच चुकी है- मानवता के इतिहास में यह सबसे तेजी से बढ़ती हुई जनसंख्या है।

एचआईवी एड्स फैलाता है या यह एड्स का कारण है, इस संपूर्ण विचार की शुरुआत धोखाधड़ी के साथ हुई। नेशनल इंस्टीट्यूट ऑफ हेल्थ (एनआईएच) के एक शोध कर्मचारी डॉ. रॉबर्ट गैलो ने एक नायर एचआईवी लेकर अपनी खोज के बारे में प्रस्तुति दी। रॉबर्ट के अनुसार यह एड्स[5] के पीछे एक संभावित कारण है। लेकिन उनकी इस खोज को लेकर फ्रांस के एक वैज्ञानिक डॉ. लुक मोंटागनियर ने यह कहते हुए आरोप लगाया कि रॉर्बट ने उनके एचआईवी नमूने को चुराया है।[6,7] बाद में यह विवाद इस समझौते के साथ खत्म हुआ कि रॉबर्ट और मोंटागनियर दोनों को ही, संयुक्त रूप से एचआईवी की खोज व इसके परीक्षण के अधिकार का मालिकाना हक दिया

"अफ्रीका दुनिया में सबसे तेजी से बढ़ रही जनसंख्या वाला देश है!"

जाएगा। इसके बाद नोबेल पुरस्कार विजेता लुक मोंटागनियर ने यह कहा- 'एचआईवी एड्स का सबब नहीं हो सकता!'

यहां कम-से-कम चार नोबल पुरस्कार विजेता हैं- इनमें पीसीआर टेस्ट *(एचआईवी के निदान के लिए किया जाने वाला टेस्ट)* के जनक कैरी मुलिस, बायोकैमिस्ट्री डिपार्टमेंट (हॉरवर्ड विवि)के प्राफेसर डॉ. वॉल्टर गिल्बर्ट और पर्यावर्णीय वैज्ञानिक वैंगारी मथाई सहित यहां 2000 वैज्ञानिक/वाइरॉजिलिस्ट हैं, जिन्होंने एचआईवी के चलते एड्स होने पर सवाल खड़े किए। आज भी बड़ी संख्या में वैज्ञानिक-शोधकर्ता एचआईवी-एड्स होने के संपूर्ण विचार पर आपत्ति जता रहे हैं और इन लोगों की यह संख्या हर दिन बढ़ रही है। ऐसा इसलिए है, क्योंकि एचआईवी/एड्स की परिकल्पना के खिलाफ प्रमाणों का जिक्र विभिन्न चिकित्सीय पत्रिकाओं में छपे लेखों में किया जा रहा है।

उदाहरण के तौर पर यह विश्वास किया जाता है कि एचआईवी पॉजिटिव (HIV+) से ग्रस्त मां एचआईवी (+) बच्चे[8] को ही जन्म देगी। हालांकि, इस बात में सत्यता नहीं है क्योंकि एचआईवी नेगेटिव (HIV-) से ग्रस्त मां भी एचआईवी (+) बच्चे[9] को जन्म दे सकती है।

"2000 वैज्ञानिकों ने 4 नोबेल पुरस्कार विजेताओं सहित एचआईवी/एड्स परिकल्पना के लिए विरोध किया!"

ठीक ऐसे ही यह विश्वास किया जाता है कि किसी एचआईवी (+) पीड़ित शख्स से सैक्स करने वाला शख्स भी एचआईवी के संपर्क में आ जाएगा। हालांकि, इस बात को साबित करने के कोई प्रमाण नहीं है।

इस परिकल्पना, कि एचआईवी एड्स होने का सबब है, के खिलाफ बड़ी संख्या में डाटा होने और शोध में इकट्ठा हुई खोज के एकत्रित होने के बावजूद, एड्स उद्योग यह साबित करने में कामयाब रहा है कि एचआईवी-एड्स में मौत देने और मानवता को विलुप्त करने की क्षमता है।

अगर एचआईवी/एड्स परिकल्पना के सच का खुलासा होता है, तो एक करोड़ खरब डॉलर का यह उद्योग न केवल ढह जाएगा, बल्कि आधुनिक चिकित्सा पद्धति और डॉक्टरों की प्रतिष्ठा भी दांव पर लग जाएगी, इसलिए चिकित्सा उद्योग यह सुनिश्चित करने के लिए किसी भी हद तक जा सकता है कि सच आम आदमी तक नहीं पहुंचना चाहिए।

पिछले समय पर नजर दौड़ाते हुए यह सब वर्ष 1981 में पैसे के साथ शुरू हुआ; तब अमरीकी राष्ट्रपति निक्सन का फंड खत्म हो गया और वह 'वॉर ऑन कैंसर कैंपेन' में पूरी तरह विफल साबित हुए।

"एचआईवी/एड्स-एक करोड़ खरब डॉलर का उद्योग है!"

इसके परिणामस्वरूप, जो भी शोधकर्ता इस अभियान में शामिल थे, वे बेरोजगार हो गए। ठीक इसी दौरान 'सेंटर्स ऑफ डिसीज कंट्रोल' (सीडीसी) ने दुनिया को एक खास किस्म के निमोनिया और सार्कोमा (बाद में इसका नाम एड्स हो गया) को लेकर चेतावनी जारी की।[10] इसने अपनी तरफ बहुत ज्यादा फंडिंग को आकर्षित किया- एक बार फिर से बेरोजगार शोधकर्ताओं ने अपने 'अनाथ' वायरस को कैंसर के संभावित कारण के रूप में जोड़ दिया। आप जरा कल्पना कीजिए कि एक वायरस, बीमारी का एक कारण बनने का इंतजार कर रहा है!

"एचआईवी को पहले कैंसर और अल्जाइमर होने का कारण माना गया"

अध्याय 2

सर्वसम्मति

एचआईवी/एड्स क्या है?

इस सवाल के दो जवाब हैं-एक जवाब के तहत सरकार और मुख्यधारा के चिकित्सीय समुदाय सहित डब्ल्यूएचओ (वर्ल्ड हेल्थ ऑर्गेनाइजेशन), सीडीसी (सेंटर्स फॉर डिसीज कंट्रोल) और एफडी (फूड एंड ड्रग एडमिनिस्ट्रेशन) आपको और बाकी दूसरे लोगों को वास्तविक पिक्चर और सच्चाई के बारे में विश्वास दिलाना चाहते हैं। चलिए पहले से ही स्वीकार्य असहमति के बारे में बात कर लेते हैं। एचआईवी एक इम्यूनोडिफिशन्सी वायरस (रोगक्षम-अपर्याप्तता विषाणु) है, जो यौन संबंध या रक्त चढ़ाने से एक शख्स से दूसरे व्यक्ति में हो सकता है। एक बार जब यह हो जाता है, तो संक्रमित शख्स एड्स *(एक्वॉयर्ड इम्यूनोडिफिशन्सी सिंड्रोम)* नामक बीमारी से पीड़ित हो जाता है और आखिर में इसके कारण मर जाता है।

"सीडीसी विश्वास दिलाना चाहती है कि एचआईवी ही एड्स का कारण है!"

इससे आगे इसके बारे में यह कहा गया है कि इस बीमारी का कोई इलाज नहीं है, लेकिन कुछ दवाइयां संक्रमित व्यक्ति के जीवन को लंबा खींचने में मदद करती हैं। साधारण शब्दों में इसे ऐसे प्रकट कर सकते हैं:-

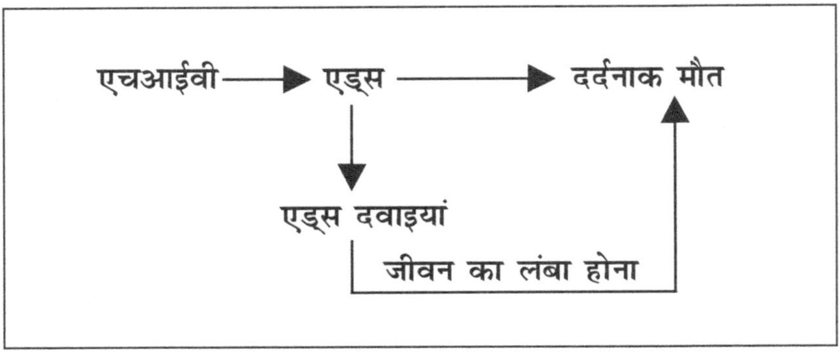

ऊपर बताई गई बात वह है, जो चिकित्सा से जुड़े लोग चाहते हैं कि आप इसमें विश्वास करें।

हालांकि, बीमारी के कारण के लिए, किसी भी विषाणु को दोष देने के लिए, इसे कोच अभिधारणा के सिद्धांत पर खरा उतरना चाहिए।

1. कोच अभिधारणा के अनुसार बीमारी के सभी प्रकार के मामलों में सूक्ष्मजीव पाया जाता है।

"एड्स चिकित्सा: क्या ये वास्तव में एड्स मरीजों की मदद करती है?"

कोच अभिधारणा के अनुसार

1. इस बीमारी के सभी मामलों में सूक्ष्मजीव का पाया जाना चाहिए।
2. इस सूक्ष्मजीव को शरीर से अलग करके शुद्ध प्राकृतिक तरीके से उन्नत करना चाहिए।
3. जब इसे पोषक समुदाय में समाहित किया जाता है, तो इसे मूल बीमारी को फिर से पैदा करना चाहिए।
4. प्रयोग किए जाने वाले पोषक या जानवर के भीतर यह बहुत ज्यादा प्रभावित होना चाहिए।

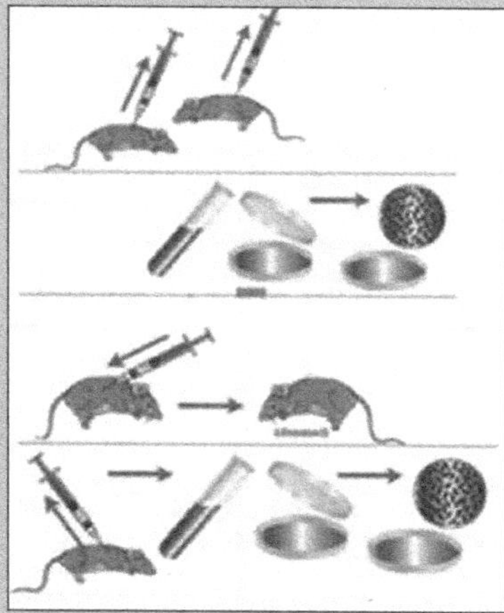

स्रोत: https://www.lewrockwell.com/2015/08/donald-w-miller-jr-md/unmasking-medical-falsehood/

खोज: जैसा कि गैलो ने 4 मई, 1984 को विज्ञान में प्रकाशित अपने स्वयं के पेपर में बताया है कि एचआईवी के मामले में एड्स के मरीजों के आधे से भी ज्यादा मामलों में वह एचआईवी नहीं पा सके।[11] गैलो को एचआईवी/एड्स परिकल्पना का जनक कहा जाता है।

"किसी सूक्ष्मजीव को बीमारी के कारण के रूप में स्थापित करने के लिए इसे कोच अभिधारणा के सिद्धांत पर खरा उतरना चाहिए"

2. कोच का दूसरा सिद्धांत कहता है कि वायरस (विषाणु) को मरीज से अलग करके, बाहर के वातावरण में नियंत्रित परिस्थितियों में उन्नत करें।

   निष्कर्ष: एचआईवी के मामले में एचआईवी/एड्स की परिकल्पना लागू होने के बाद से अभी तक एचआईवी मरीज के शरीर से नहीं निकल पाया। आज तक किसी भी पत्रिका में ऐसा लेख प्रकाशित नहीं हुआ है जो यह साबित कर सके कि एचआईवी मानव शरीर से सफलतापूर्वक अलग हो चुका है।

3. तीसरा सिद्धांत कहता है कि इस वायरस को किसी स्वस्थ व्यक्ति के शरीर में इंजेक्शन से प्रवाहित किया जाए तो यह बीमारी स्वस्थ व्यक्ति में भी उत्पन्न होनी चाहिए।

   निष्कर्ष: अभी तक एचआईवी अलग नहीं किया जा सका है; इसलिए तीसरे सिद्धांत का टेस्ट नहीं किया जा सकता।

4. एक बार जब पृथक वायरस किसी स्वस्थ व्यक्ति के भीतर इंजेक्शन से प्रवाहित किया जाता है, तो ठीक यही वायरस स्वस्थ व्यक्ति के भीतर पाया जाना चाहिए।

"मानव शरीर में कभी भी एचआईवी को नहीं पाया गया है!"

निष्कर्ष: कोच अभिधारणा के दूसरे सिद्धांत पर कार्य ना होने के कारण, इसके तीसरे और चौथे सिद्धांत का परिणाम शून्य है, क्योंकि यह दोनों सिद्धांत दूसरे सिद्धांत पर आधारित हैं।

इसलिए जब हम एचआईवी/एड्स का परीक्षण कोच की अभिधारणा के अनुसार करते हैं, तो इसकी परिकल्पना विफल हो जाती है।

कोच अभिधारणा के अलावा एक और तकनीक है- 'इलैक्ट्रॉन माइक्रोग्राफ तकनीक' (पिक्चर तकनीक)। इससे भी पता चल सकता है कि इस बीमारी का कारण कोई विषाणु या सूक्ष्मजीव है। इस तकनीक में सूक्ष्म कणों को मरीज के शरीर से लिया जाता है। वर्ष 2010 में ऐटियन डी हॉर्वेन ने इस विषाणु के सारे प्रतिबिम्बों को दिखाया, जो कि एचआईवी को उत्पन्न करते हैं। ये सारी रिपोर्ट विभिन्न पत्रिकाओं में प्रकाशित हुई और मीडिया ने भी प्रचारित किया कि इन कणों का सैम्पल कोशिका संवर्धन से लिया गया है।

"वैश्विक स्तर पर प्रकाशित हुई एचआईवी की इलेक्ट्रॉन माइक्रोग्राफ तस्वीर एड्स के मरीज से लिया गया सैम्पल नहीं है, बल्कि यह कोशिका संवर्धन से ली गई तस्वीर है"

सच यह है कि एड्स पीड़ित मरीज से सीधे तौर पर कभी कोई एचआईवी की इलेक्ट्रॉन माइक्रोग्राफ पिक्चर नहीं ली गई।[13] इसकी तुलना मंदिर में रखी हुई मूर्तियों से की गई है, जो कि ईश्वर के स्वरूप को प्रदर्शित करती है, लेकिन यह असली रूप नहीं है। इसी प्रकार कोशिका संवर्धन से लिए हुए कणों के प्रतिबिम्ब को एचआईवी का प्रतीक माना गया है।

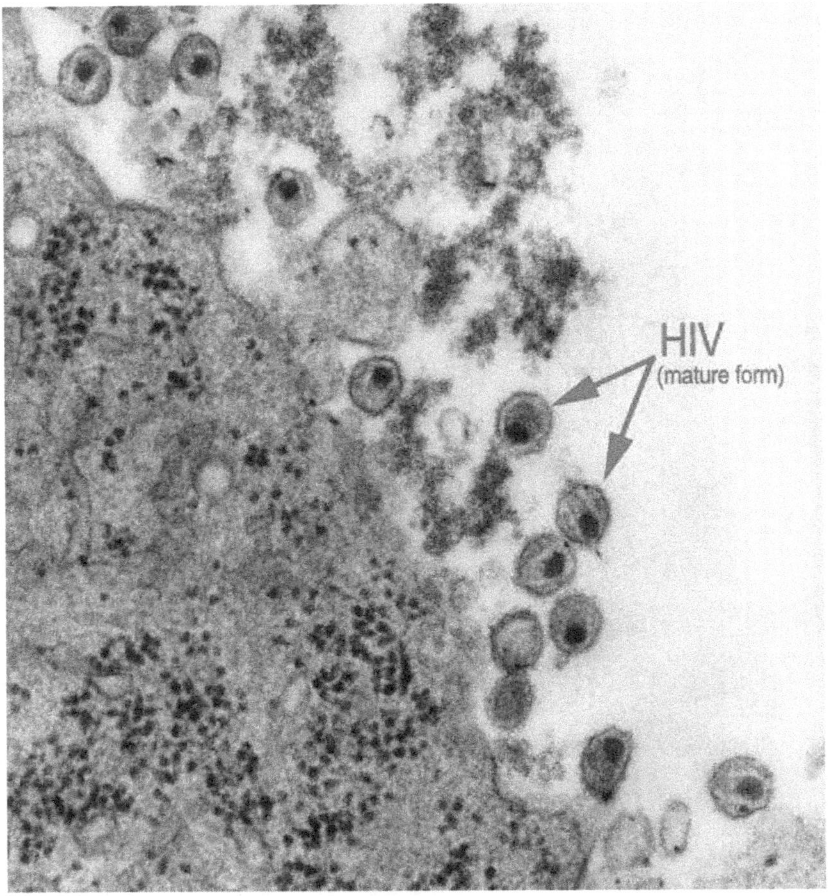

यहां सवाल का बिंदु यह हो सकता है कि अब जबकि एचआईवी/एड्स की परिकल्पना को साबित करने के लिए कोई ठोस प्रमाण नहीं है, तो फिर वर्तमान की चिकित्सीय व्यवस्था कैसे यह पड़ताल कर सकती है कि व्यक्ति विशेष एचआईवी पॉजिटिव है?

ऊपर उल्लेखित व्यवस्था का आधार अमरीका का पैटेंट (अधिकार-पत्र) 4520113 है, जो एचआईवी के निदान के लिए एक शरीररोधी टेस्ट (परीक्षण) है। बाद में इस अधिकार-पत्र को 28 मई, 1985 को रॉबर्ट गैलो को दे दिया गया। आपकी समझ के लिए प्रतिपिंड एक प्रकार का रक्तगोलिका प्रोटीन है, जो रोगाणु और कीटाणुओं को निष्प्रभावी करने के लिए और इनके खिलाफ लड़ने के लिए शरीर द्वारा निर्मित किया जाता है। यह प्रतिरक्षा प्रणाली द्वारा विषाणुओं का नाश करता है।

गैलो का प्रतिपिंड परीक्षण मानता है:

- इनके द्वारा किए गए सारे प्रतिपिंड टेस्ट (परीक्षण) केवल एचआईवी से ही जुड़े हैं।
- किसी खास प्रतिपिंड की उपस्थिति का अर्थ है कि शरीर में एचआईवी (विषाणु) उपस्थित है।

"जिस तरह पानी और आग साथ-साथ नहीं रह सकते, ठीक उसी तरह विशिष्ट प्रतिपिंड की उपस्थिति में वायरस (विषाणु) अस्तित्व में नहीं आ सकते!"

निष्कर्ष:

1. गैलो के द्वारा बताए गए प्रतिपिंड जो कि केवल एचआईवी से जुड़े हुए माने गए, वे केवल एचआईवी के नहीं थे (यह आपको आगे के पन्नों में सविस्तार वर्णन मिलेगा), बल्कि यह एक प्रतिपिंड एचइआरवी (द ह्यूमन इंडोजीनस रेट्रोवायरस) की प्रतिक्रिया की वजह से है। जब कोई व्यक्ति बीमार होता है तो ये प्रतिपिंड शरीर द्वारा ही उत्पन्न होते हैं, जो कि प्रतिरक्षा प्रणाली उत्पन्न करते हैं। रोगी के ठीक हो जाने पर 'एचइआरवी' भी समाप्त हो जाता है।

2. प्रतिपिंड का प्रयोग प्रतिरक्षा प्रणाली द्वारा बैक्टीरिया तथा विषाणुओं को पहचानने एवं उन्हें बेअसर करने में होता है। इनका निर्माण सफेद रक्त कोशिका से होता है। इनकी उपस्थिति ये बताती है कि कोई विषाणु शरीर में नहीं है। यह सत्य है कि पूर्व में कुछ खास तरह के विषाणु शरीर में होंगे, परंतु प्रतिपिंडों की उत्पत्ति से ये नहीं रहे। लेकिन अगर हम एचआईवी/एड्स के संदर्भ में बात करें तो यह स्पष्ट नहीं है कि प्रतिपिंड संबंधित 'एचआइवी' की उपस्थिति से हैं या 'एचइआरवीज़' की वजह से हैं।

"अगर आप एचआईवी+ का परीक्षण कर रहे हैं,
तो यह अपेक्षाकृत एचईआरवीस+ है!"

3. ऊपर बताई गई बातों के अलावा और तर्क भी एचआईवी को एड्स से जोड़ने में नाकाम रहे, यहां हमें यह भी विचार करना चाहिए कि जैसे गैलो ने अपनी रिपोर्ट में कहा कि एचआईवी एक प्रकार का रेट्रोवायरस है, और विज्ञान जगत में इस बात का कोई प्रमाण नहीं है जो यह बताता है कि 'रेट्रोवायरस कोशिकाओं को मारता है'। वास्तव में, रेट्रोवायरस तो कोशिकाओं को बढ़ाने का कार्य करता है। इसीलिए संभवत: जब गैलो कैंसर के शोध में शामिल थे, तो वह रेट्रोवायरस को उस एचआईवी, जिसे कैंसर की वजह माना जाता है, की बराबरी से जोड़ने में नाकाम साबित हुए। ऐसा जान पड़ता है कि गैलो के पास एक अलग वायरस था, जिसे वह बीमारी की वजह और इसे एक संपर्क के रूप में स्थापित करने के लिए बहुत ही बेचैन थे, जिससे कि इस बाबत एक प्रसार व्यापारिक मॉडल तैयार किया जा सके।

"रेट्रोवायरस कोशिकाओं को खत्म करने के लिए नहीं जाने जाते!"

अध्याय 3

साजिश

एचआईवी/एड्स को लेकर वैश्विक नजरिया यह है कि एचआईवी एक ऐसा वायरस है, जिसकी खोज हाल ही में हुई और यह सिर्फ करीब 35 साल ही पुराना है। साथ ही, इस एचआईवी ने नई बीमारी एड्स को जन्म दिया है, जिसका कोई इलाज नहीं है। इससे पीड़ित मरीज का एड्स के कारण मौत के मुँह में जाना तय है।

आप में से बहुत से लोग यह जानकर आश्चर्य करेंगे कि एड्स कोई नई बीमारी नहीं है। यह एक नया नाम है, जो पहले से ही चिर-परिचित बीमारियों जैसे निमोनिया, टीबी, डायरिया आदि के समूह को दिया गया है। अगर इन बीमारियों के दौरान कोई भी व्यक्ति एचआईवी डॉयग्नॉस्टिक टेस्ट, जैसे पीसीआर टेस्ट और

"एड्स नई बीमारी नहीं है। यह एक ऐसा नया नाम है, जो पहले से ही चिर-परिचित बीमारियों के समूह को दिया गया है।"

वेस्टर्न ब्लोट टेस्ट के साथ पॉजिटिव पाया जाता है, तो संबंधित शख्स चिकित्सीय तौर पर एड्स का मरीज है। यहां पर यह नोट किया जा सकता है कि एचआईवी के निदान के लिए किए जाने वाले लोकप्रिय पीसीआर या वेस्टर्न ब्लोट टेस्ट को अभी तक एफडीए ने मान्यता प्रदान नहीं की है, ये वो टेस्ट हैं, जिनका व्यापक और बड़े स्तर पर इस्तेमाल किया जाता है और किसी भी शख्स पर एड्स पीड़ित होने का लेबल चिपका देते हैं।

एड्स के लिए फॉर्मूला[14]
ट्यूबरकुलोसिस + पॉजिटिव एचआईवी टेस्ट = एड्स
ट्यूबरकुलोसिस + नेगेटिव एचआईवी टेस्ट = ट्यूबरकुलोसिस

"अगर आप न्यूमोनिया से पीड़ित हैं और
साथ ही आप एचआईवी टेस्ट में पॉजिटिव आए हैं
तो आपको एड्स का मरीज कहा जाएगा!"

वर्ष 1982 में 'सैन्टर्स ऑफ डिज़ीज कंट्रोल (CDC)' ने 12 रोगों के निदान जारी किए और इसके साथ यह भी जारी किया कि जो व्यक्ति 'एचआइवी (+)' से ग्रसित होगा, उसे एड्स (AIDs) संक्रमण भी है।

एड्स

सीडीसी की 12 एड्स बीमारियों की 1982 की सूची

क. प्रोटोजोल और हेल्मिनथिक संक्रमण

1. क्रिप्टोस्पोरिडियोसिस इनटेस्टिनल, एक महीने से ज्यादा समय तक डायरिया रहता है। (हिस्टोलॉजी या स्टूल माइक्रोस्कॉपी पर)
2. न्यूमोसाइस्टिस कैरिनी न्यूमोनिया (हिस्टोलॉजी पर, या टच माइक्रोस्कॉपी पर, या ब्रोन्कियल वॉशिंग पर)
3. स्ट्रांगलियोइडोसिस निमोनिया, नर्वस सिस्टम (सीएनएस) संक्रमण या संक्रमण फैलता है।
4. टोक्सोप्लासमोसिस से निमोनिया या सीएनएस संक्रमण होता है।

ख. फफुंदीय संक्रमण

1. कैंडिडियासिस- यह ग्रास नली शोथ होने का कारण बनता है।
2. क्रिप्टोकोकोसिस- यह फेफड़ों एवं सीएनएस संक्रमण के फैलने का कारण होता है।

ग. जीवाणु संक्रमण

1. असामान्य माइकोबैक्टीरिओसिस- यह संक्रमण फैलाता है।

घ. विषाणुजनित संक्रमण

1. साइटोमेगालो वायरस- यह फेफड़े, उदर संबंधित या सीएनएस संक्रमण करता है।
2. हरपस सिंपलेक्स वायरस- यह एक महीने से ज्यादा अवधि के क्रोनिक मुकोक्युटैनियस संक्रमण का कारण बनता है, जिसमें अंदरूनी घाव (व्रण) भी होता है। साथ ही, फेफड़ों, उदर संबंधित एवं अन्य संक्रमण करता है।

3. प्रगतिशील बहुपक्षीय ल्यूकोएंसेफैलोपैथी- माना जाता है कि यह पैपोवा विषाणु से होता है।

ड़. कैंसर

1. कपोसी सारकोमा 60 साल से कम उम्र के लोगों में होता है। यह कैंसर मुलायम अतकों में घाव का कारण बनता है।
2. यह मस्तिष्क का कैंसर है। लिफोमा, मस्तिष्क तक ही सीमित रहता है।

स्रोतः https://www.lewrockwell.com/2015/08/donald-w-miller-jr-md/unmasking-medical-falsehood/

वर्ष 1987 में सीडीसी ने कुल मिलाकर एड्स का संकेत देने वाली 25 बीमारियों की सूची को संशोधित किया।

सीडीसी की 1987 की 25 एड्स-सांकेतिक बीमारियों की संशोधित सूची

1. जीवाणु एकाधिक संक्रमण या आवर्तक (यह केवल बच्चों पर ही लागू होती है)
2. ब्रांकाई, ट्रेकिया या फेफड़ों की कैंडिडिआसिस
3. कैंडिडिआसिस एसोफगेल
4. कॉक्सीडिओइदोमयकोसिस (फेफड़े और स्किन का संक्रमण), फैलाव या एक्स्ट्रापुल्मोनरी टीबी
5. करयप्टोकॉकसिस (फफुंदीय संक्रमण), एक्स्ट्रापुल्मोनरी टीबी
6. क्रिप्टोस्पोरिडियोसिस-एक महीने से अधिक समय तक आंतों का संक्रमण
7. साइटोमेगैलो वायरस बीमारी (जिगर, तिल्ली या लसीका से इतर दूसरी)
8. साइटोमेगैलो वायरस रेटिनाइटिस (दृष्टि के नुकसान के साथ)

9. मस्तिष्क विकृति (एचआईवी के द्वारा)
10. हर्पेस सिंपलेक्सः एक महीने से अधिक समय के मोनोक्यूटिनस घाव; और फेफड़ों, सांस की नली एवं खाने की नली में संक्रमण।
11. हिस्टोप्लास्मोसिसः संक्रमण फैलना।
12. इसोसपोरियासिस, एक महीने से अधिक समय का आंतों का संक्रमण।
13. कपोसी सारकोमा
14. लिंफोमा, बर्किट्स
15. लिंफोमा, इम्युनोब्लास्टिक
16. लिंफोमा, मुख्यतः मस्तिष्क का।
17. माइकोबैक्टेरियम एवियम कॉम्पलेक्स या माइकोबैक्टेरियम कैंसासी, फैलाव या प्रसार या एक्स्ट्रापुल्मोनरी
18. माइकोबैक्टेरियम, अन्य प्रजातियां, फैलाव या विस्तार या एक्स्ट्रापुल्मोनरी
19. माइकोबैक्टेरियम ट्यूबरकुलोसिस, फेफड़ों के अतिरिक्त (एक्स्ट्रापुल्मोनरी)
20. न्यूमोसाइस्टिस जिरोवेसि न्यूमोनिया (पूर्व नाम न्यूमोसाइस्टिस कैरिनी)
21. प्रोग्रैसिम मल्टीफोकल ल्यूकोइनसीफैलोपैथी
22. सैलमोनेला सेप्टीसेमिया (बार-बार होने वाला)
23. टोक्सोप्लासमोसिस ऑफ ब्रेन
24. ट्युबरकुलोसिस, अत्यधिक संक्रमित।
25. वेस्टिंग सिन्ड्रोम 'एचआईवी' के द्वारा।

स्रोतः https://www.lewrockwell.com/2015/08/donald-w-miller-jr-md/unmasking-medical-falsehood/

वर्ष 1992 में 'सैन्टर्स ऑफ डिजीज कंट्रोल' (सीडीसी) ने चार और बीमारियों का नाम शामिल करके 29 रोगों को अपनी सूची में शामिल किया।

सीडीसी ने वर्ष 1992 में 4 और एड्स सांकेतिक बीमारियों को सूची में जोड़ा

26. एक सीडी4+ टी-लिंफोसाइट काउंट <200 सेल्स/ माइक्रोलीटर (या, सीडी4+ प्रतिशत < 14)
27. पुल्मोनरी ट्यूबरकुलोसिस
28. बार-बार आने वाला न्यूमोनिया (12 महीने के कार्यकाल के भीतर)
29. गर्भाशय ग्रीवा का कैंसर

इन रोगों को सूची में डालने के बाद अमेरिका में एड्स के मामले अपने आप ही दो गुना हो गए।

स्रोतः https://www.lewrockwell.com/2015/08/donald-w-miller-jr-md/unmasking-medical-falsehood/

"हर साल गुजरने के साथ ही एड्स को वर्णित करने वाली बीमारियों की सूची लगातार बढ़ रही है- इस वजह से एड्स पीड़ित नए मरीजों के उपचार की संख्या बढ़ रही है"

1 जनवरी, 1993 में सीडीसी ने बिना किसी बीमारी या लक्षण के उन लोगों को भी शामिल कर लिया जिनके टी-कोशिकाएं 200 या इससे कम हैं और इस प्रकार एड्स की परिभाषा का दायरा बढ़ा दिया।[15]

इस नई परिभाषा ने एक ही रात में एड्स पीड़ित मरीजों की संख्या को दोगुना कर दिया![16, 17]

वर्ष 2008 में सीडीसी ने दो और चिकित्सीय हालातों को इस परिभाषा में शामिल किया।

- बार-बार होने वाले बहुसंख्यक जीवाणु संक्रमण
- पुल्मोनरी लिंफॉयड हाइपरप्लासिया कॉम्पलैक्स

यहां आप उस स्कूल के बारे में सोचें, जहां स्कूल प्रशासन साल-दर-साल परीक्षा पास करने के मापदंड को बढ़ाते रहने के बारे में तय करता है। इसलिए यह समझा जा सकता है कि ज्यादा-से-ज्यादा छात्र नाकाम होंगे और समाज को संदेश यह जाएगा कि बच्चे पैदायशी बेवकूफ हैं, लेकिन सच यह होता है कि हालांकि छात्रों की बौद्धिक क्षमता समान स्तर की होती है, लेकिन परीक्षा पास करने का मापदंड कहीं ज्यादा मुश्किल हो जाता है।

"यह साबित करने के लिए एड्स पीड़ित मरीजों की संख्या घट रही है-सीडीसी को क्या करने की जरूरत है?

इसका जवाब आसान है कि सूची में शामिल एड्स को परिभाषित करने वाली बीमारियों की संख्या को कम किया जाए!"

ठीक इसी तरह ऐसा दिखाई पड़ता है कि हर साल गुजरने के साथ ज्यादा-से-ज्यादा लोग एचआईवी से पीड़ित हैं, जबकि सच यह है कि एड्स उद्योग पूरी मानव जाति को एड्स मरीजों में तब्दील करना चाहता है!

एड्स उद्योग की हताशा इस तथ्य से समझी जा सकती है कि इन्होंने अफ्रीका में एचआईवी की पहचान के नियमों को सरल कर दिया है, अफ्रीका में एचआईवी पॉजिटिव की पुष्टि के लिए एचआईवी टेस्ट अनिवार्य नहीं है।[18] अफ्रीका में अगर कोई शख्स ऊपर सूची में बताई गई, किसी भी हालत से गुजरता है, तो उस पर एचआईवी का चस्पा लगा दिया जाता है, इसमें वजन का कम होना, बुखार और कफ भी शामिल है, समझा जा सकता है कि बाकी दूसरे देशों में रहने वाले लोगों की तुलना में अफ्रीका में ज्यादा एचआईवी पीड़ित लोग आपको मिलेंगे। इस भ्रम के अलावा एक और बात है और वह यह है कि एड्स उद्योग ने इसके तहत दो रूप एचआईवी-1 और एचआईवी-2 का आविष्कार किया है, एचआईवी-2 को इसने अफ्रीका को समर्पित किया है, ऐसा इसने अफ्रीका के लिए एक अलग नैदानिक मापदंड को सही ठहराने के लिए किया है।

"अफ्रीका में एड्स के लिए, किसी व्यक्ति के उपचार के लिए एचआईवी टेस्ट अनिवार्य नहीं है!"

उपचार की अस्पष्टता केवल महाद्वीपों तक ही सीमित नहीं है, बहुत-सी असमानताएं कई देशों के बीच भी हैं। उदाहरण के तौर पर कनाडा के लैबोरेटरी सेंटर ऑफ डिसीज कंट्रोल (एलसीडीसी), अमरीका के सीडीसी के टी-कोशिकाओं के कम संख्या के मापदंड[19] को मान्यता प्रदान नहीं करते। इसका मतलब यह है कि अमरीका में रहने वाले एड्स के ऐसे करीब 25 फीसदी एड्स मरीज, जिन्हें उनके टी-कोशिकाओं के गणना के आधार पर एड्स पीड़ित समझा जाता है, को कनाडा में रहने पर एड्स पीड़ित नहीं समझा जाएगा।

यहां तक कि बहुत ज्यादा असमानता पश्चिमी ब्लॉट टेस्ट में भी देखी जा सकती है। पश्चिमी ब्लॉट की परीक्षण पट्टिका में ऐसा फीता होता है, जिसमें पी160, पी120, पी41 और पी36 आदि

"यह किसी भी देश पर निर्भर करता है कि वह कौन से मापदंडों को एचआईवी निदान के लिए निर्धारित करता है!"

वैस्टर्न ब्लॉट के एचआईवी(+) अलग-अलग मापदंड

		AFRICA	AUSTRALIA	UNITED KINGDOM	USA CDC 1	USA CDC 2	USA FDA	USA RED CROSS	INDIA
ENV gene	p160 p120 p41	ANY TWO	ONE OR MORE	ONE OR MORE	p120/ p160* AND P41	p120/ p160* AND P41	ONE OR MORE	ONE OR MORE	ONE OR MORE
POL g	p68 p53 p32	O P T I O N A L	ANY THREE	p31**			p32	ANY ONE	p36***
GAG	p55 p40 p24			p24		p24	p24	ANY ONE	

* The CDC regards p120 and p160 as a single unit-if antibodies to one show up, the others are automatically considered to be present

** Used instead of p32 in the United Kingdom

*** Only p36 is used in India

Source: http://www.theperthgroup.com/SCIPAPERS/biotek8.html

प्रोटीन होता है, आप ऐसा अगले पेज में दी सारणी में देख सकते हैं। यह माना जाता है कि ये प्रोटीन विशिष्ट तौर पर उन प्रतिपिंड के लिए है, जिन्हें शरीर कथित रूप से एचआईवी के खिलाफ पैदा करता है। इसलिए, अगर रक्त नमूने में ऐसे रोग प्रतिकारक होते हैं, जो एचआईवी के लिए खास माने जाते हैं, तब ऊपर बताए गए खास प्रोटीन (परीक्षण पट्टिका में) प्रतिक्रिया व्यक्त करेंगे और यह सफेद से रंगीन बैंड में तब्दील हो जाएंगे। हालांकि, अगर आप पहले बताई गई सारणी का अवलोकन करोगे, तो आप यह समझोगे कि भारत (पी160, या पी120 या पी36 के प्रति प्रतिक्रियात्मक) के किसी भी शख्स को यूके में एचआईवी (–) घोषित किया जा सकता है, कारण बहुत ही साफ है कि यूके में मापदंडों के तहत पी31 और पी24 शामिल है– यहां पी36 शामिल नहीं है।

ऊपर बताए गए सभी अवैज्ञानिक नैदानिक प्रक्रियाओं के कारण, कोई भी शख्स बहुत ही तीव्र मनोवैज्ञानिक मानसिक आघात से होकर गुजरता है। इसके अलावा यह शख्स एचआईवी से जुड़े सामाजिक कलंक को भी वहन करता है। यह मनोवैज्ञानिक रूप से प्रेरित विकलांग प्रतिरक्षा, किसी भी व्यक्ति के स्वास्थ्य की, रोग प्रतिरोधक शक्ति को कम कर सकता है।

"अगर आप भारत में एचआईवी से पीड़ित हैं, रोग के मूल्यांकन या पैमाने में बदलाव के लिए इंग्लैंड की उड़ान पकड़ सकते हैं!"

यहां कई चिकित्सीय हालात हैं- इसमें फ्लू, बुखार और यहां तक कि गर्भावस्था भी शामिल है, जो आपके एचआईवी़ से पीड़ित होने के आसारों को बढ़ा सकती है। वास्तव में यह एक मिथ्या है या कह सकते हैं कि इस तरह के एचआईवी (+) सरासर गलत है।

जब एक बार कोई शख्स वर्तमान में उपलब्ध या प्रचलित एचआईवी नैदानिक परीक्षण से गुजरता है, तो यहां चिकित्सीय हालात की एक आंशिक सूची है, जो किसी व्यक्ति पर एचआईवी़ लेबल चिपका दिए जाने के आसार को बढ़ाती है।

एचआईवी प्रतिपिंड परीक्षणों पर होने वाले पॉजिटिव परिणामों के विशेष कारण[20]

- तीव्र वायरल संक्रमण, डीएनए संक्रमण
- खून का चढ़ाना
- फ्लू
- फ्लू का टीका
- हेपेटाइट्स

"फ्लू, बुखार और ठंड के दौरान रक्त शर्करा की मात्रा अस्थायी तौर पर बढ़ जाती है- और यह मिथ्या डायबिटीज की पहचान का कारण बनती है!"

- हेपेटाइट्स बी वेक्सीनेशन
- लेपरोसी
- मलेरिया
- मल्टीपल माइलोमा
- रेनल (किडनी) का फेल होना
- रह्युमटोइड आर्थराइट्स
- ट्युबरकुलोसिस

यह साफ है कि सामान्य पैदा होने वाली बीमारियों वाले मरीजों को उनकी मृत्यु तक अपने ग्राहक में तब्दील करना, एड्स उद्योग की एक साजिश है। इन मरीजों पर एचआईवी-एड्स मरीजों का तमगा लगा देती है।

"एड्स उद्योग स्वस्थ लोगों को एड्स मरीजों में तब्दील करने की साजिश रच रहा है!"

अध्याय 4

इलाज

किसी भी चीज के लिए इलाज उसके कारण को पता करने के साथ होना चाहिए। जब तक हम कारण का पता करने और आगे कारणों को खत्म करने में नाकाम हैं, तब तक हम बीमारी का इलाज नहीं कर सकते। आप जरा साइकिल के पहिए में होने वाले पंक्चर के बारे में कल्पना करें। जब तक हम पहिए में फंसी कील का पता नहीं लगा लेते, तब तक हम पहिए को ठीक नहीं कर पाएंगे। जैसा कि स्पष्ट तौर पर किताब में व्याख्या की गई है कि एड्स के मामले में वजह एचआईवी नहीं है, एचआईवी-एड्स-मौत अपने आप में बौद्धिक रूप से विचार कर पैदा किया गया बिजनेस मॉडल है।

बीमारी के संभावित कारण को इस रूप में बताना या फैलाना कि वायरस आदि की तरह यह ज्यादा नियंत्रण में नहीं है, यह डरावना है। जी हां, यह बात उस कारण की तुलना में डरावना है, जो कुछ ज्यादा नियंत्रण में होता है। जैसे कि पोषक तत्त्वों की कमी होना।

"एचआईवी=एड्स=मौत एक बौद्धिक विचार वाला बिजनेस मॉडल है!"

डर कारक के साथ एचआईवी-एड्स के मरीजों के साथ एक कलंक भी जुड़ा हुआ है, यह इससे जुड़े झूठ के अस्तित्व में होने के 35 साल बाद भी इसके जारी रहने की अगुवाई कर रहा है। बीमारियां जैसे हृदय की बीमारी, कैंसर और यहां तक कि यौन क्रिया में अक्षयता जैसी बीमारियों को लेकर लोग पूरी तरह खुले हुए हैं, लेकिन एचआईवी एड्स के मामले में ऐसा नहीं है, जहां मरीजों को बहुत ही सख्ताई के साथ छिपाकर रखा जाता है।

डब्ल्यूएचओ के अनुसार भारत एचआईवी-एड्स पीड़ित मरीजों की संख्या के मामले में दुनिया में तीसरे नंबर का देश है- या कहें कि भारत में ऐसे लोगों की संख्या तय या एकदम सटीक है, जिन्हें एचआईवी-एड्स पीड़ित कहा गया है। करीब तीन सौ में से एक मरीज एचआईवी-एड्स के मृत्युदंड के साथ छिपकर जीवन जी रहे हैं। साथ ही, ये इस उम्मीद के साथ एड्स की दवाइयां भी ले रहे हैं कि ये उनकी जिंदगी को और बड़ा करेंगी।

हालांकि, यहां सच दूसरा है- एक एजेडटी दवा है, जो उद्देश्य के तहत एड्स पीड़ित मरीज के जीवनकाल को बढ़ाने का वादा करती है। साल 1960 में पहले इस दवा का इस्तेमाल कैंसर मरीजों

"डब्ल्यूएचओ के अनुसार भारत एचआईवी-एड्स पीड़ित मरीजों की संख्या के मामले में दुनिया में तीसरे नंबर का देश है!"

के लिए कीमोथैरेपी के उपचार के लिए किया गया था। लेकिन अत्यधिक विषाक्ता के कारण इस दवा को त्याग दिया गया था। वर्ष 1987 में 6 महीने के रिकॉर्ड समय में एफडीए ने अतिशीघ्रता में इस दवा को मंजूरी दे दी थी। यह दवा अपनी निर्माण लागत की तुलना में सौ गुना कीमत पर बिकी। इस बात ने इस दवा को सर्वकालिक सबसे फायदे वाली दवा बना दिया।

शरीर की प्रतिरक्षा कम करने की बुनियादी प्रकृति के कारण जिस दवा को कभी कीमोथैरेपी के उपचार के लिए इस्तेमाल किया गया था, वह अब एड्स दवा के रूप में मान्यता प्राप्त दवा है। एचआईवी़ से पीड़ित मरीजों को एड्स की दवा दी जाती है और यह प्रतिरक्षा प्रणाली के नाकाम होने का कारण बनता है। यह कहना अतिश्योक्ति नहीं होगी कि एड्स की दवा एड्स होने का कारण बनती है।

आगे ऐसे हालात और परिस्थितियों के बारे में बताया गया है, जो एड्स की दवा के कारण होते हैं। अधिकारियों द्वारा अनुसरण की जाने वाली ये परिस्थितियां एड्स को वर्णित की जाने वाली बीमारियां हैं।

<u>एजेडटी दवा</u>

"बीमारी की खोज में एक ऐसी दवा, जिसका इस्तेमाल कभी कीमोथैरेपी दवा के लिए किया गया, अब उसका इस्तेमाल एड्स की दवा के रूप में होता हैं!"

चलिए अब उन हालात के बारे में जान लीजिए, जिन्हें अधिकारी एड्स को बयां करने वाली बीमारियों के रूप में बयां करते हैं:

डॉक्टरों की सलाह के अनुसार एड्स

आगे बताए गए, हालात या परिस्थितियां न्युक्लियोसाइड एनालोग ड्रग (एजेडटी, डीडीएल, डीडीसी, डी4टी और 3टीसी) के कारण पैदा होती हैं। जिन हालात पर स्टार (*) के निशान से चिन्हित किया गया है, उन्हें आधिकारिक रूप से एड्स को बयां करने वाली बीमारियों के रूप में बताया गया है:

रक्ताल्पता (खून चढ़ाने की जरूरत पड़ती है)	लिंफोमा (कैंसर)*
जन्म दोष	मांसपेशियों का कमजोर होना*
दस्त*	जी मिचलाना
पागलपन*	तंत्रिका-विकृति
प्रजनन क्षमता का नुकसान होना	अग्नाशयशोथ
ग्रनुलोसायटोपेनिया	पॅनसाइटोपोनिया
बालों का नुकसान होना	दौरे पड़ना
सिरदर्द	त्वचा का रंग बिगड़ जाना
जिगर (लीवर) का नुकसान होना	खुद-ब-खुद या त्वरित गर्भपात
भूख में कमी आना	टी सैल रिक्तीकरण

स्रोत: https://www.merckmanuals.com/professional

"एड्स की दवा के सेवन से रोग प्रतिरोधक शक्ति कम हो जाती है!"

ऊपर साबित किए जाने और एड्स की दवाइयों के दुष्प्रभाव से जुड़े दस्तावेजों के बावजूद नेशनल इंस्टीट्यूट ऑफ हेल्थ (एनआईएच) का अध्ययन यह दिखाता है कि एड्स की दवाइयां मरीजों को फायदा पहुंचाती हैं। सीडी4 गिनती इत्यादि में सरोगेट मार्कर/नैदानिक परिणामों के आधार पर एड्स दवा का समर्थन करने का यह शीघ्रता का निष्कर्ष, उल्टी की आवृत्ति की अनदेखी करना, बुखार में राहत या आगे वजन के नुकसान में नियंत्रण, वास्तव में यह और खराब हो रहा था।[21]

सरोगेट मार्करस (एंडपॉइंट्स) या नैदानिक परीक्षणों जैसे टी–कोशिकाओं की गणना के साथ समस्या यह है कि वे पूर्ण रूप से मरीज के वास्तविक स्वास्थ्य को प्रदर्शित नहीं कर सकते। इसे आगे बताए गए उदाहरणों से समझा जा सकता है।

"एड्स की दवाइयां लक्षणों को बढ़ा देती हैं!"

1. अध्ययनों ने एक बार फिर से ये संकेत दिया है कि कम टी–सैल गणना समझौता की गई रोग प्रतिरोधक शक्ति के साथ सहसंबंद्ध नहीं है। अर्थात यह एक–दूसरे से जुड़ी नहीं हैं। एचआईवी नेगेटिव के मामले में सामान्य व्यक्ति विशेष की टी–सैल गणना 300 से 2000 तक अलग–अलग हो सकती है। यहां तक कि 200 से लेकर 300 तक की टी–सैल गणना ने 2000 एचआईवी नेगेटिव व्यक्ति विशेषों के अध्ययन के जरिए, किसी स्वास्थ्य जटिलता को लेकर संकेत नहीं दिया।[22]
2. इसका साफ मतलब है कि टी–सैल गणना रोग प्रतिरोधक कार्यप्रणाली के बारे में, एक स्पष्ट तस्वीर पेश नहीं कर सकती, इसीलिए ही यह असंबंधित है।[23]
3. इससे आगे अध्ययन ने टी–सैल गणना को यह दिखाने के लिए साबित किया है कि इसका बीमारी की हद या रोग मृत्यु दर के साथ कोई लेना–देना नहीं है।[24]
4. यहां ध्यान देने वाली बात उसका है कि वायरल लोड परीक्षण मुख्य तौर पर एचआईवी की उपस्थिति का पता लगाने के

"टी–कोशिका गणना रोग प्रतिरोधक कार्यप्रणाली के बारे में स्पष्ट तस्वीर पेश नहीं कर सकती!"

लिए गलत हैं। इसीलिए परिणामों को स्वास्थ्य के साथ जोड़ना, टी-सैल का स्तर और बीमारी की प्रगति आधारहीन है।

5. सीडीसी के दिशा-निर्देशों के अनुसार टीकाकरण और सटीक बैक्टीरियल संक्रमण के कारण कई हफ्तों के लिए वायलर लोड परीक्षण के परिणामों में वृद्धि हो सकती है।[25]

यहां तक कि एजेडटी दवा के सबसे बड़ा परीक्षण- कॉनकोर्ड परीक्षण में भी यह निष्कर्ष आया कि एड्स दवाइयों पर मरीजों को ज्यादा परेशानी होती है और उन्हें इसका बिल्कुल भी फायदा नहीं होता।

इससे साफ है कि पहले से ही एड्स दवा का सहारा ले रहे मरीजों के इलाज के लिए पहला कदम यह है कि वे पहले इन दवाओं का त्याग करें, वहीं ऐसे मरीज जो एचआईवी से पीड़ित हैं, उन्हें एड्स की दवा बिल्कुल भी नहीं लेनी चाहिए, क्योंकि एचआईवी पीड़ित होने का मतलब यह नहीं है कि आपकी एड्स के कारण मृत्यु होनी तय है।

"कॉनकोर्ड परीक्षणों ने यह साबित किया है कि एड्स दवाइयां मरीजों की परेशानियों में इजाफा करती हैं!"

चिकित्सीय साहित्य में कई हवाले या उदाहरण रहे हैं, जहां लोग एचआईवी से पीड़ित थे और वे पूरे जीवन स्वस्थ बने रहे। वास्तव में आपको हमेशा यह याद रखना चाहिए कि वेस्टर्न ब्लोट टेस्ट या पीसीआर टेस्ट के आधार पर रोग की पहचान पूरी तरह से बेतुकी बात है और इसका आपके आगे के स्वास्थ्य की भविष्यवाणी से कोई लेना-देना नहीं है।

एड्स के वास्तविक मरीज या पीड़ित वो होते हैं, जिनमें एड्स के अति उत्कृष्ट लक्षण पाए जाते हैं, इनमें लंबे खिंचने वाले दस्त, लगातार बयां न किया जा सकने वाले वजन में कटौती, बुखार, कई महीनों तक फ्लू के लक्षण और निमोनिया-ट्यूबरकुलोसिस जैसे लक्षण। उनकी यह बीमारी उनके लैंगिक बर्ताव के चलते नहीं, बल्कि नशे के पदार्थों को लेने की वजह के कारण होती है।[26]

ऐसा देखा गया है कि जब तक वेश्याएं ड्रग्स लेने की आदी नहीं हैं, तब तक एड्स पीड़ित नहीं होतीं। समलैंगिक लोगों और वेश्याओं में ड्रग्स जैसे कोकीन, हेरोइन और नाइट्राइट्स का लेना बहुत ही सामान्य-सी बात है। यह सारे ड्रग्स रोगों की जड़ माने जाते हैं।

"वेश्याएं जब तक नशीले पदार्थ लेने की आदी नहीं होतीं, वे एड्स का शिकार नहीं होतीं!"

इन ड्रग्स को एड्स संबंधित रोगों की सूची में शामिल किया गया है, इन रोगों को नीचे दी गई सारणी में देखा जा सकता है।

एड्स युग से पहले एचआईवी मुक्त दवा का इस्तेमाल करने वाले लोगों में दवा से जुड़ी बीमारियों की पहचान

बीमारी-(एड्स को बयां करने वाली बीमारियां)	ड्रग्स का इस्तेमाल		
	कोकीन	हेरोइन	नाइट्राइट्स
रोगक्षम अपर्याप्तता	✓	✓	✓
कपोसी सारोकमा			✓
योनि संक्रमण	✓	✓	
निमोनिया	✓	✓	✓
लीम्फाडिनोपैथी	✓	✓	
ट्युबरकुलोसिस (क्षय रोग)	✓	✓	
वजन का कम होना	✓	✓	
पागलपन या मनोभ्रंश	✓	✓	
दस्त	✓	✓	
बुखार	✓	✓	

स्रोतः http://www.vordenker.de/hiv/Duesberg_Genetica_104-1998.pdf

"कोकीन और हेरोइन जैसी ड्रग्स से होने वाले रोगों को एड्स से संबंधित रोगों के साथ जोड़ा गया है!"

जब एक बार इन मरीजों का पुनर्वास हो जाता है, तो उनकी बीमारियां और लक्षण खत्म हो जाते हैं। चिकित्सीय रूप से इसे **सेरोरिवर्सन** कहा जाता है।[27]

पुस्तक में दिए गए सभी प्रमाणों से यह निष्कर्ष निकाला गया कि एड्स एक वायरल बीमारी नहीं है, बल्कि रासायनिक रूप से प्रेरित बीमारी है। चाहे मरीज ने अपने उपचार हेतु ड्रग्स लिए हों या फिर एड्स की दवाइयों[28] को डॉक्टर द्वारा लेने पर मजबूर किया गया हो।

एड्स के इलाज को दो तरीके से समझाया जा सकता है:

कदम-1: ड्रग्स एवं एड्स की दवाइयों को लेना बिल्कुल बंद कर दें।

कदम-2: समझौता किए गए प्रतिरक्षा को बढ़ावा देने या इम्यूनोडेफिशियंसी सिंड्रोम से उबरने के लिए अपने दिनचर्या में संशोधन करना।

"उपचार के लिए पहला कदम है एड्स की दवाइयों को लेना बंद करना!"

जैसा कि एड्स के संपूर्ण प्रतिरूप से समझा जा सकता है, एड्स पीड़ित मरीजों में इम्यूनोडेफिशियंसी सिंड्रोम होता है। शरीर की प्रतिरोधक क्षमता खत्म होने लगती है।

इनकी जीवनशैली में सबसे बड़ा बदलाव, खान-पान की आदत में बदलाव करना है।

हम ऐसे लोगों से प्रेरणा ले सकते हैं, जो अपने लंबे जीवनकाल और असाधारण रोग-प्रतिरोधक शक्ति के लिए जाने जाते हैं। ऐसे लोग बमुश्किल बीमार होते हैं और अक्सर ही अपना 100वां जन्मदिन भी मनाते हैं। इन लोगों की जनसंख्या को 'ब्लू जोन' के नाम से जाना जाता है। टाइम मैगजीन ने 26 फरवरी, वर्ष 2018 को इस जनसंख्या के विषय में यह प्रकाशित किया था कि यह जनसंख्या 'ब्लू जोन' के नाम से जानी जाती है।

अगले पेज में दिए गए विश्व के नक्शे में आप देख सकते हैं कि 'ब्लू जोन' के अंतर्गत आने वाले लोग अलग-अलग महाद्वीप में फैले हुए हैं।

"अपना 100वां जन्मदिन मनाने के लिए ब्लू जोन लोगों की जीवनशैली को अपनाएं!"

ब्लू जोन - दुनिया में सबसे ज्यादा जीवित रहने वाले लोग

मेरी जिज्ञासा यह जानने में है कि वो कौन-सा सामान्य कारण है जिसकी वजह से ये लोग लम्बा जीवन जीते हैं। और वह है उनका भोजन का चयन। वे जिस तरह का भोजन लेते हैं उसमें मैंने ध्यान केन्द्रित किया।

मुझे आश्चर्य हुआ यह जानकर कि ये सभी 5 'ब्लू जोन' के अंतर्गत आने वाली जनसंख्याएं बमुश्किल ही मांस या डेयरी उत्पाद खाती हैं। साथ ही, संवर्धित-पैकिंग वाले भोजन का सेवन तो न के बराबर है।

इनके भोजन में कच्ची सब्जियां, फल, अखरोट, मेवे, अंकुरित भोजन और हरी पत्तियां करीब 95 प्रतिशत रहती हैं।

एड्स के मरीज इस तरह भोजन को खाएं, इससे इन्हें अत्यधिक लाभ होगा।

'ब्लू जोन' की जनसंख्या के अनुसार अपना खाना तैयार करने के लिए नीचे दिए गए तीन चरणों का अनुसरण करें।

"अपनी प्रतिरोधक क्षमता बढ़ाने के लिए डेयरी के उत्पादों सहित मांस खाने की अनदेखी करें!"

स्टेप-1

अपनी खाद्य सूचकांक (α) देखने के लिए इस तालिका का संदर्भ लें

खाद्य सूचकांक हेतु अपने वजन (कि.ग्राम.) को अपने कद से (फीट में) मिलाऐं

Food Index (In Feet)	35 (in kg)	37	40	42	45	47	50	52	55	57	60	62	65	67	70	72	75	77	80	82	85	87	90	92	95	97	100
4.6	300	310	330	340	350	360	370	375	380	395	410	425	480	490	500	520	540	560	580	590	600	625	650	X	X	X	X
4.8	330	340	350	360	370	375	380	390	400	425	450	475	500	520	540	560	580	590	600	625	650	675	700	720	740	X	X
4.10	340	350	360	370	375	380	390	400	425	450	475	500	520	540	560	580	590	600	625	650	675	700	720	740	760	775	X
5.0	350	360	370	375	380	390	400	415	430	465	500	520	540	560	580	590	600	625	650	675	700	720	740	760	780	795	810
5.2	370	365	380	390	400	415	430	440	450	485	520	550	580	590	600	625	650	675	700	720	740	760	780	795	810	825	840
5.4	380	390	400	410	430	440	450	485	520	550	580	590	600	625	650	675	700	720	740	760	780	795	810	825	840	855	870
5.6	X	X	430	440	450	485	520	550	580	605	630	640	650	675	700	720	740	760	780	795	810	825	840	855	870	885	900
5.8	X	X	450	480	520	550	580	605	630	650	670	675	700	720	740	760	780	795	810	825	840	855	870	885	900	910	920
5.1 0	X	X	X	X	X	625	600	625	650	675	700	725	750	760	770	785	800	820	840	855	870	885	900	915	930	955	980
6	X	X	X	X	X	X	X	X	700	725	750	775	800	815	830	855	880	895	910	930	950	975	1000	1025	1050	1075	1100

स्टेप-2

खाद्य सूचकांक (α) के अनुरूप भोजन की मात्रा (प्रतिदिन)

हरी पत्तियां (α X 0.1)

सूखे मेवे (α X 0.05) | अंकुरित बीज (α X 0.05)

त्याग करें ➡ मांस एवं डेयरी उत्पाद और संवर्धित पैकिंग वाला भोजन

स्टेप-3

फल एवं सब्जियों का सेवन इस तरह करें:

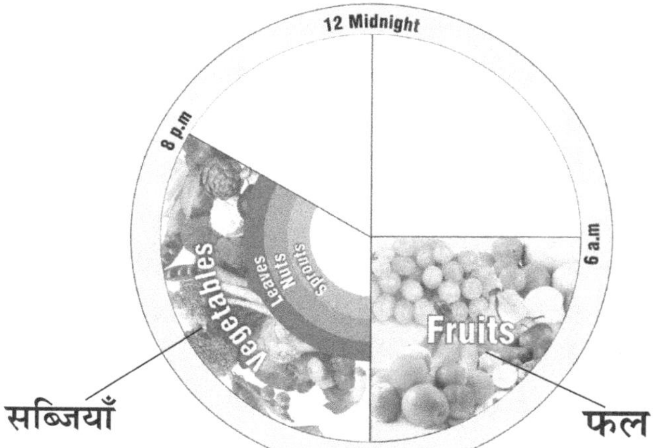

विशेष टिप्पणी: सूर्यास्त के पश्चात् भोजन न करें। प्रतिदिन करीब 40 मिनट सूर्य की रोशनी ग्रहण करें।

ऊपर बतायी गई 'ब्लू जोन जीवनशैली' को अपनाने से नौ महीने में या फिर एक साल के भीतर **सेरोरिवर्सन** के रूप में परिणाम आपको मिल सकता है।

निर्णायक टिप्पणी:

पिछले सौ वर्षों में यह देखा गया है कि जब भी मानवता किसी भी महामारी से या किसी आपदा से पीड़ित होती है, तब से आधुनिक दवाइयाँ अपना अधिकार समझकर उनको बचाने के या उद्धार न करके उनके इर्द-गिर्द एक व्यापार-मॉडल खड़ा कर देती है और लाभ उठाने का भरषक प्रयास करती हैं। इसमें ये कंपनियाँ काफी हद तक सफल रही हैं। इससे इनका अस्तित्व भी बरकरार रहता है। अंग्रेजी दवा (ऐलोपेथिक) उद्योग का यह व्यवहार आगे दिए गए ग्राफ से स्पष्ट एवं प्रमाणित है:

यह ग्राफ 'कॉमन वैल्थ ऑस्ट्रेलिया' के आधिकारिक वार्षिक पुस्तक से लिया गया है।

"'खाद्य सूचकांक' के अनुसार भोजन एड्स को उलटाने में मदद कर सकता है!"

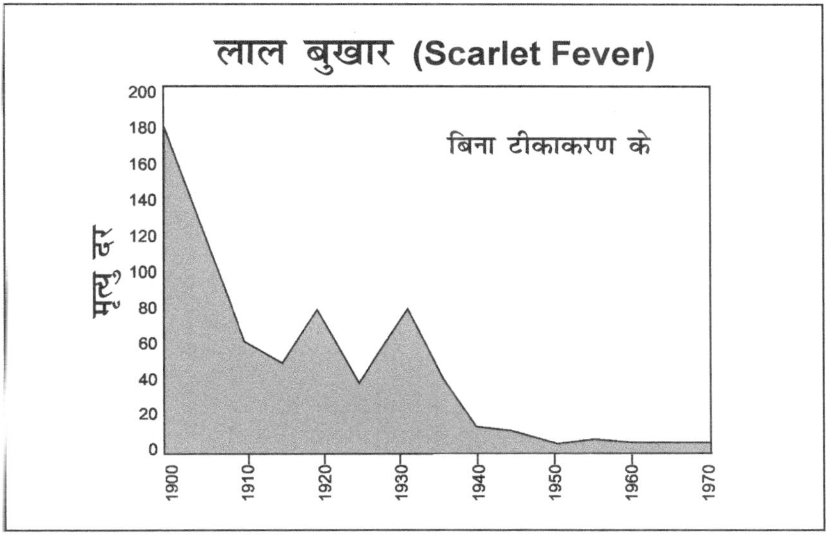
लाल बुखार (Scarlet Fever)
बिना टीकाकरण के
मृत्यु दर
200
180
160
140
120
100
80
60
40
20
0
1900
1910
1920
1930
1940
1950
1960
1970

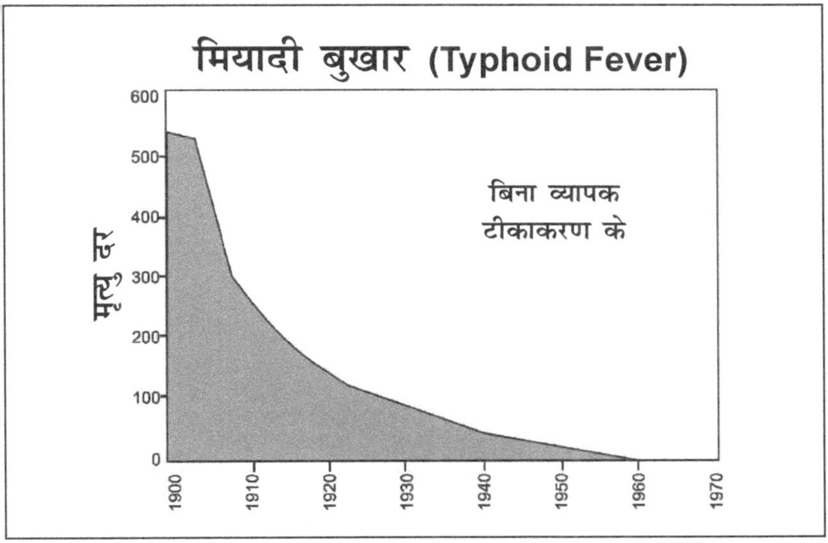
मियादी बुखार (Typhoid Fever)
बिना व्यापक
टीकाकरण के
मृत्यु दर
600
500
400
300
200
100
0
1900
1910
1920
1930
1940
1950
1960
1970

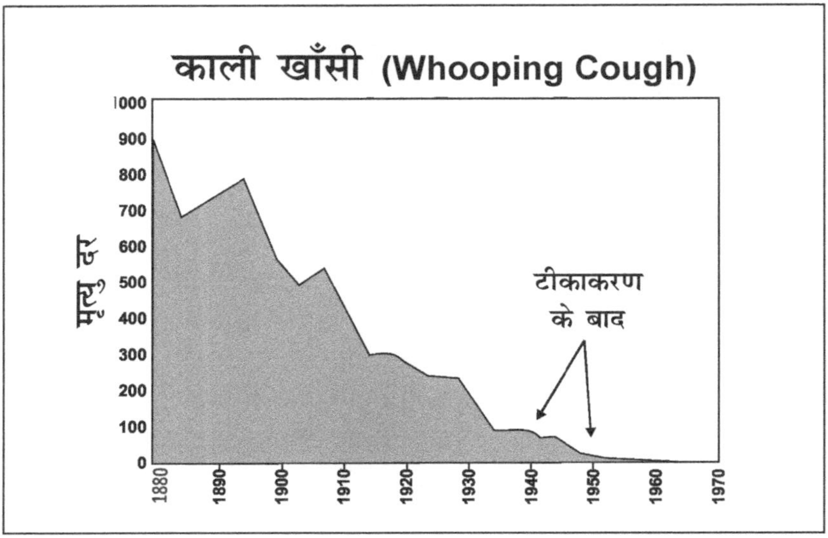
काली खाँसी (Whooping Cough)
मृत्यु दर
1000
900
800
700
600
500
400
300
200
100
0
टीकाकरण
के बाद
1880
1890
1900
1910
1920
1930
1940
1950
1960
1970

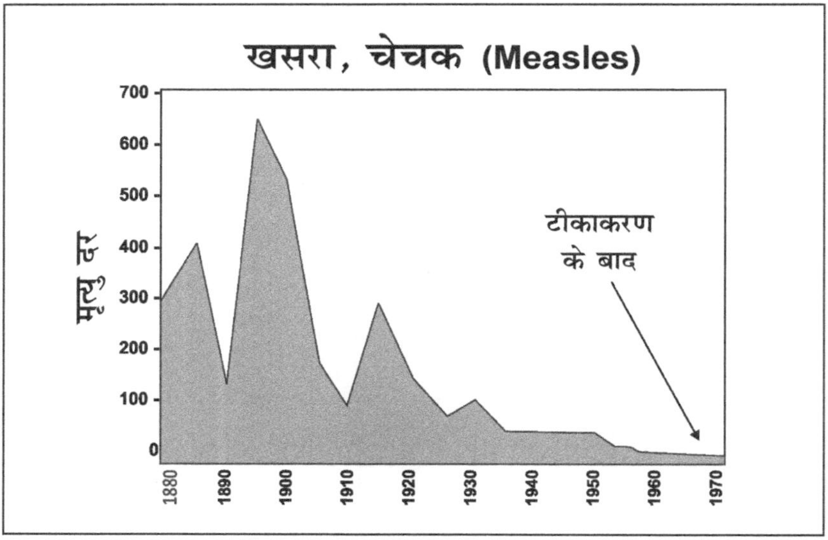
खसरा, चेचक (Measles)
मृत्यु दर
700
600
500
400
300
200
100
0
टीकाकरण
के बाद
1880
1890
1900
1910
1920
1930
1940
1950
1960
1970

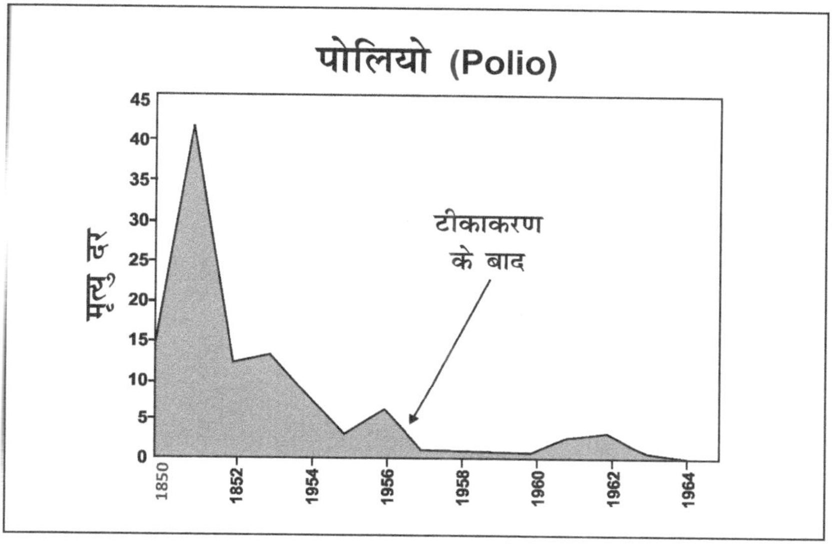
पोलियो (Polio)
मृत्यु दर
टीकाकरण के बाद
45
40
35
30
25
20
15
10
5
0
1850
1852
1954
1956
1958
1960
1962
1964

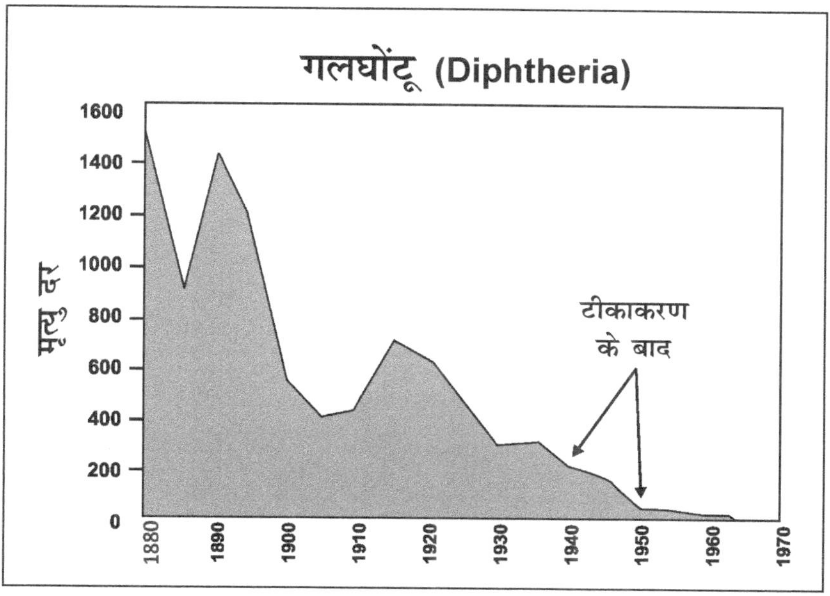
गलघोंटू (Diphtheria)
मृत्यु दर
टीकाकरण के बाद
1600
1400
1200
1000
800
600
400
200
0
1880
1890
1900
1910
1920
1930
1940
1950
1960
1970

जैसा कि ऊपर दर्शाए गए ग्राफ में दिखाया गया है कि टीका लगाए जाने की शुरुआत होने से पहले ही संक्रमण के कारण होने वाली मृत्यु दर गिरावट की स्थिति में थी। यह दिखाता है कि टीका लगाने का मृत्यु दर में गिरावट से कुछ भी लेना-देना नहीं था। ठीक इसी प्रकार ऐसी बीमारियों में, जिनमें टीका लगाने की प्रथा नहीं थी या इसका अनुपात बहुत ही कम था, उन बीमारियों में मृत्यु दर में गिरावट की स्थिति ठीक ऐसी ही थी।

दिल, कैंसर या मधुमेह जैसी जीवनशैली से जुड़ी हुई बीमारियों में आधुनिक चिकित्सा या दवाइयाँ कोई राहत नहीं देती हैं। इस बारे में जब आप मेरी कुछ पुस्तकें पढ़ेंगे तो आपको बहुत कुछ मालूम चलेगा। मेरी पुस्तकें हैं 'हाउ टू रिटर्न अलाइव फ्रॉम द हॉस्पिटल', 'हॉर्ट माफिया' और 'वाइ द मौर्टलिटि रेट ड्रॉप्स व्हेन द डॉक्टर्स गो ऑन स्ट्राइक'। हां, एक बात कह सकते हूं कि अगर किसी को इन आधुनिक दवाइयों से फायदा पहुंचा है तो वह यही दवाइयाँ हैं, मतलब कि 'आधुनिक दवाइयों' को ही लाभ मिला है।

"आपातकालीन स्थिति या दुर्घटना वाले मामलों को छोड़कर आधुनिक दवाइयाँ संक्रामक और जीवनशैली से जुड़ी बीमारियों में बुरी तरह से विफल रही हैं!"

अध्याय 5

डॉ. लियोनार्ड होरोविट्ज का साक्षात्कार या सार

डॉ. बिश्वरूप राय चौधरी द्वारा 20 मार्च, 2018 को भारतीय समयानुसार, आधी रात में लिया गया इंटरव्यू

डॉ. लियोनार्ड होरोविट्ज, 'हॉरवर्ड यूनिवर्सिटी' में प्रशिक्षित एक चिकित्सीय वैज्ञानिक हैं, साथ ही वह विश्व के सबसे विवादास्पद मुखबिर एवं 'इमर्जिंग वायरसेस: एड्स एंड इबोला- प्रकृति, दुर्घटना या इरादतन?' नामक सनसनीखेज पुस्तक के लेखक हैं। यह पुस्तक वर्ष 2008 में राजनीतिक विचार-विमर्श का केंद्र बन गयी थी, जब बराक ओबामा के एक मंत्री रेव जेरमियाह राइट ने इस किताब को यह कहते हुए श्रेय दिया कि एचआईवी/एड्स बड़े पैमाने पर जनसंख्या में गिरावट का एक नरसंहारीय हथियार है।

इस इंटरव्यू में डॉ. लियोनार्ड ने कई हैरान कर देने वाले तथ्यों का खुलासा किया। ये इस प्रकार हैं:

1. वर्ष 1972 में अमरीका के रिचर्ड निक्सन प्रशासन में परमाणु हथियारों के विकल्प को ढूंढने की जद्दोजहद हो रही थी। इसके

तहत मानव जाति से जनसंख्या को घटाने या कम करने के उद्देश्य के साथ एचआईवी का आविष्कार किया गया। यह एक जैविक हथियार है।

2. पिछले 35 साल से एचआईवी के आविष्कार होने से अब तक 40 मिलियन से भी ज्यादा लोगों की मौत हो चुकी है, लेकिन इसका लक्ष्य इससे कहीं अधिक था।

3. अश्वेतों को इसके निशाने पर लिया गया जिससे कि श्वेतों का वर्चस्व बना रहे। इसका नतीजा ये हुआ कि अधिक-से-अधिक अफ्रीकियों को इस षड्यंत्र के अंतर्गत इसका शिकार बनाया गया। इस साजिश में पीड़ितों की संख्या के मामले में भारत तीसरे नंबर पर रहा।

4. अभी तक एचआईवी-एड्स उद्योग एक ट्रिलियन डॉलर से ज्यादा का उद्योग है, और यह 'डर के व्यवसाय' पर निर्भर है।

5. चिकित्सीय उद्योग का अस्तित्व और यहां तक कि अमरीका की अर्थव्यवस्था एचआईवी-एड्स के प्रसार पर निर्भर करती है। एचआईवी-एड्स की अवधारणा के खुलासे से अमरीकी अर्थव्यवस्था को नुकसान हो सकता है। साथ ही, इससे आधुनिक चिकित्सा की प्रतिष्ठा भी दांव पर लग जाएगी।

6. 'रेड क्रॉस' द्वारा दूषित रक्त दिया। जैविक-आतंकवाद फैलाने के लिए आनुवंशिक रूप से उन्नत मच्छरों को फैलाया जा रहा है। इस जैविक आतंकवाद को आप जिका और इबोला के रूप में देख सकते हैं, जो नरसंहार का कारण बन रहा है।

भाग–2

समीक्षा लेखः
एचआईवी–एड्स,
यह एक फैलने वाली बीमारी नहीं है;
यह एक ‘उपापचयी लक्षण’ है

प्रकाशकः जर्नल ऑफ मेटाबॉलिक सिंड्रोम

Journal of Metabolic Syndrome

Chowdhury, J Metabolic Synd 2018, 7:1
DOI: 10.4172/2167-0943.1000239

eview Article Open Access

समीक्षा लेख: एचआईवी एड्स, यह एक फैलने वाली बीमारी नहीं है; यह एक 'उपापचयी लक्षण' है

प्रकाशक: जर्नल ऑफ मेटाबॉलिक सिंड्रोम

डॉ. बिश्वरूप राय चौधरी

चिकित्सीय पोषण विशेषज्ञ, इंडो-वियतनाम चिकित्सक बोर्ड, भारत

• **अनुरूपी लेखक:** बिश्वरूप राय चौधरी, चिकित्सीय पोषण विशेषज्ञ, इंडो-वियतनाम मेडिकल बोर्ड, भारत

Email: biswaroop@biswaroop.com

प्राप्य तिथि: मार्च 12, 2018, **स्वीकार्य तिथि:** मार्च 15, 2018, **प्रकाशित तिथि:** मार्च 19, 2018

सार

पिछले तीन दशकों से हम इस अवधारणा के साथ रह रहे हैं कि 'एचआईवी एड्स का कारण है'। एचआईवी मतलब ह्यूमन इम्युनोडेफिसिएंसी वायरस को एड्स (एक्वायर्ड इम्यनोडेफिसिएंसी सिंड्रोम: अधिग्रहित रोगक्षम-अपर्याप्ता सिंड्रोम) का कारक एजेंट समझा जाता है। इसके तहत शरीर की रोगक्षम-अपर्याप्त प्रणाली खराब हो जाती है और बड़े संक्रमण के रास्ते खोलती है। हालांकि, तीन नोबेल पुरस्कार विजेता जिसमें लुक मोंटागनियर (जिन्होंने एचआईवी की खोज की), कैरी मुलिस (एचआईवी का पता लगाने के लिए पीसीआर परीक्षण का ईजाद किया) और वैंगारी मथाई (प्रसिद्ध अफ्रीकी पर्यावरण शास्त्री) सहित हजारों बाकी दूसरे ऐसे वैज्ञानिक और बुद्धिजीवियों ने सिक्के के दूसरे पहलू पर बार-बार यह साबित किया कि ऊपर बताया गया सिद्धांत गलत अवधारणा है- पिछले 35 सालों में ढेर सारा साहित्य प्रदान किया है और जांच के बाद पाए गए सबूतों ने बहुत ही मजबूती के साथ यह निष्कर्ष निकाला है कि एचआईवी एड्स होने के पीछे का वास्तविक कारण नहीं है।

"क्या एड्स का वास्तविक कारण एचआईवी है? पिछले तीन दशकों में तीन नोबल पुरस्कार विजेताओं द्वारा यह प्रश्न पूछा गया है!"

वहीं, दूसरी तरफ दवाइयों के दुरुपयोग के कारण कुपोषण और उपापचयी सिंड्रोम को वास्तविक रूप से दोषी बताया गया है। यह समीक्षा लेख एचआईवी-एड्स अवधारणा के गलत होने और वास्तविक कारणों की तलाश के लिए बेहतर समझ के लिए ठीक ऐसी ही अवधारणा के इर्द-गिर्द घूमता है।

मुख्य शब्दः एचआईवी, एड्स, एचआईवी का कारण एड्स, फैलने वाली बीमारी, एजेडटी

परिचय

यह विचार कि एड्स का जन्म एक वायरस के जरिए होता है, का परिचय डॉ. रॉबर्ट गैलो ने दिया था। वह 'नेशनल इंस्टीट्यूट ऑफ हेल्थ', यूएसए (1-4) के शोधकर्ता थे। 23 अप्रैल, 1984 को एक अंतरराष्ट्रीय प्रेस कॉन्फ्रेंस में गैलो ने एक नए वायरस की खोज की घोषणा की। उन्होंने इस वायरस को एड्स का संभावित कारण बताया।

"एनआईएच ने वैज्ञानिक संसार के बिना जांच की अनुमति दिए, एचआईवी के एड्स होने के संभावित कारण का ऐलान कर दिया। यह जांच वह स्तरीय प्रोटोकॉल है, जिस पर प्रत्येक वैज्ञानिक घोषणा से पहले अमल किया जाता है।"

उन्होंने अपनी परिकल्पना का इसके समर्थन में बिना किसी सबूत के ऐलान कर दिया। इसके कारण उन्होंने वैज्ञानिक प्रोटोकॉल का उल्लंघन किया, क्योंकि एक शोधकर्ता को पहले विशेषज्ञों के परीक्षण, प्रयोग के साथ खोज की नकल करने और परिकल्पना (5-7) को स्थापित करने के लिए अपने दावे को चिकित्सीय पत्रिका में प्रकाशित करना चाहिए। एचआईवी-एड्स परिकल्पना की घोषणा के कुछ दिन बाद गैलो ने अपने विचार का समर्थन करने के लिए अपना पत्र प्रकाशित किया। गैलो अपने पत्र में भी ज्यादा एड्स पीड़ित मरीजों को एचआईवी वायरस से नहीं जोड़ सके।

इस लेख का उद्देश्य 34 साल पहले समान उद्देश्य के साथ दो बड़े पहलुओं की जांच के लिए एचआईवी-एड्स अवधारणा की समीक्षा करना है:

1. क्या एड्स होने की वजह एचआईवी है?
2. अगर नहीं, तो फिर एड्स का क्या कारण है?

"एचआईवी-एड्स परिकल्पना के मूलजनक गैलो अपने शोध-पत्र में यह साबित नहीं कर सके कि एचआईवी के कारण एड्स होता है!"

क्या एचआईवी एड्स का कारण है?

एचआईवी की खोज के लिए नैदानिक प्रोटोकॉल में बहुत सारी त्रुटियां और छिद्र दिखाई पड़ेंगे। कोच के पोस्टुलेट्स के अनुसार किसी भी वायरस को बीमारी का कारक एजेंट स्थापित करने के लिए वायरस बीमारी के सभी मामलों में पाया जाना चाहिए। हालांकि, प्रस्तावना में किए गए जिक्र के उलट गैलो द्वारा प्रकाशित किए गए पत्र में एड्स पीड़ित सभी मरीजों के अपने अध्ययन में व्रह वायरस नहीं पा सके।

नीचे सूची में और बड़े सबूत भी हैं, जो इस बात का समर्थन करते हैं कि एचआईवी एड्स का कारण नहीं हो सकता:

1. वर्ष 1984 में सीडीसी (सेंटर्स फॉर डिसीज कंट्रोल) वैज्ञानिकों ने यह रिपोर्ट जारी की कि पॉजिटिव एचटीएलवी-3-एलएवी, ह्यूमन टी-सेल लिंफोट्रोपिक वायरस टाइप-3-लिंफाडेनोपैथी से संबद्ध या जुड़ा वायरस (एचआईवी के लिए वास्तविक रूप से इस्तेमाल होने वाला नाम) एंटीबॉडी टेस्ट को स्थापित नहीं किया जा सकता, फिर इसका कोई मतलब नहीं कि व्यक्ति विशेष वर्तमान में वायरस से संक्रमित है या नहीं [6]।

> **"सीडीसी के अनुसार एंटीबॉडी टेस्ट यह स्थापित नहीं कर सकते कि कोई व्यक्ति वर्तमान में वायरस से संक्रमित है या नहीं!"**

2. वर्ष 1996 में जॉनसन ने करीब 60 से अधिक कारकों के बारे में रिपोर्ट जारी की, जो 'ऐलिसा टैस्ट', में या 'वेस्टर्न ब्लॉट टैस्ट [10] में एचआईवी के लिए गलत पॉजिटिव टेस्ट के परिणाम के रूप में आ सकती है। यह ध्यान देना बहुत ही महत्वपूर्ण है कि कारकों में यह भी सम्मिलित हैं- मलेरिया, फ्लू, टीकाकरण एवं महिलाओं में गर्भावस्था भी शामिल है, जो इस वायरस को प्रभावित कर सकते हैं। ये खोज और प्रमाण एक अति प्रतिष्ठित पत्रिकाओं में छपे थे, जैसे 'एड्स', 'लैंसेट' और 'द जर्नल ऑफ अमेरिकन मेडिकल एसोसिएशन' [6]।

3. वर्ष 2010 में बाउएर ने यह रिपोर्ट जारी की कि वेस्टर्न ब्लॉट टेस्ट में एचआईवी की उपस्थिति का पता लगाने का स्तरीय तरीका पी41 और पी24 है- यह प्रोटीनांटीजेंस है, जो एचआईवी असंक्रमित-स्वस्थ व्यक्ति के ब्लड प्लेटलेट्स में भी पायी जा सकती है। इसका मतलब यह है कि किसी व्यक्ति में एचआईवी की उपस्थिति को स्थापित करने के लिए इस्तेमाल किए जाने वाला मार्कर खास तौर पर एचआईवी या एड्स पीड़ित मरीजों के लिए नहीं होता। कोई स्वस्थ व्यक्ति भी 'वेस्टर्न ब्लॉट टेस्ट' में एचआईवी पॉजिटिव पाया जा सकता है और यह भी हो सकता है कि वह बिल्कुल भी एचआईवी से पीड़ित न हो [11]।

"जब एलिसा या वेस्टर्न ब्लॉट टेस्ट के जरिए टेस्ट या परीक्षण किया जाता है, तो मलेरिया, फ्लू, टीकाकरण और यहां तक कि गर्भावस्था भी एचआईवी को प्रभावित करने का कारण बन सकते हैं!"

4. पीसीआर टेस्ट के जनक और नोबल पुरस्कार विजेता कैरी मुलिस ने कहा है कि वायरस प्रतिशत की गणना करना, इन्हें गिनना या इसका अनुमान लगाना पूरी तरह अनुचित व असंगत है। वजह यह है कि यह टेस्ट केवल प्रोटीन का पता लगा सकता है, जिसे कुछ मामलों में गलती से एचआईवी के लिए मान लिया गया। इससे आगे, यह टेस्ट वायरस के आनुवंशिक क्रम के बारे में तो पता लगा सकता है, लेकिन यह खुद वायरस के बारे में पता नहीं लगा सकता [12]।

5. बीमारी के दौरान या कोशिकाओं के खात्मे पर, उपोत्पाद के जरिए मानव अंतर्जात रेट्रोवायरस या एचइआरवीज खुद शरीर के द्वारा पैदा किए जाते हैं। ये एचइआरवीज अणु की तरह होते हैं और बहुत ही ज्यादा रेट्रोवायरस की तरह होते हैं। इसीलिए पीसीआर टेस्ट के जरिए पता लगाए गए आनुवंशिक दृश्य बहिर्जात वायरस से प्राप्त या उस जैसे दृश्यों जैसे बिल्कुल भी नहीं हो सकते और ये गलत पॉजिटिव टेस्ट की व्याख्या कर सकते हैं। ठीक ऐसे ही एचआईवी रोग प्रतिकारक (एलिसा, वेस्टर्न ब्लॉट टेस्ट) के लिए टेस्ट किया जाता है, तो एचईआरवीज प्रतिक्रियाशील हो सकती है। साथ ही, ये गलत और मिथ्या पॉजिटिव रिजल्ट भी पैदा कर सकती हैं [15]।

"जब एचआईवी के लिए वर्तमान नैदानिक या इलाज तकनीक के साथ टेस्ट किया जाता है, तब एचइआरवीज वायरस, जो खुद शरीर द्वारा पैदा किया जाता है और यह गलत या मिथ्या एचआईवी पहचान की वजह बन सकता है!"

ऊपर बताए गए तमाम सबूतों के समर्थन के साथ हम यह निष्कर्ष निकाल सकते हैं कि एचआईवी एड्स का कारण नहीं हो सकता। इसके बाद वास्तविक सवाल है–'एड्स का कारण क्या है?'

एड्स का क्या कारण है? क्या यह एक उपापचयी लक्षण है?

कोच की अभिधारणा के दूसरे सिद्धांत (उपरोक्त खंड में पहला सिद्धांत) के अनुसार इस बीमारी के लिए किसी विषाणु को इसका कारक बनाने से पूर्व इसको शरीर से अलग करके एक शुद्ध एवं संवर्धित वातावरण में कोशिका संवर्धन के रूप में उन्नत करें। यद्यपि वर्ष 2010 में एटियन डी हार्वेन ने बताया कि इन कणों की फिल्म जो तैयार की हैं जो कि शायद एचआईवी से संबंधित है, यह सब एड्स के मरीजों से सीधे तौर पर नहीं लिया है। उनके कथन सारे वैज्ञानिक पत्रिकाओं में छपे [16,17]।

यह बात ध्यान देने योग्य है कि एटियने ही वह वैज्ञानिक हैं, जिन्होंने वर्ष 1960 [9] में, माउस लेकुमिया वायरस (विषाणु) का पहला इलेक्ट्रॉन माइक्रोग्राफ पेश किया।

"एचआईवी (विषाणु) कभी भी इस रोग से पीड़ित मरीज के शरीर से अलग नहीं हुआ है!"

अगर एचआईवी (विषाणु) नहीं है तो एड्स का कारण क्या हो सकता है? नीचे उल्लखित प्रमाण इस बात का इशारा करते हैं कि उपापचयी लक्षण और रासायनिक अंतर्ग्रहण एड्स के मुख्य कारण हैं।

1. ऑक्सीडेटिव तनाव उस ऑक्सीजन के संग्रहण के लिए कोशिकाओं की योग्यता को कम करता है, जो कोशिकाओं के खत्म होने का सबब बनती है। ऑक्सीडेटिव तनाव कई चिकित्सीय हालातों के साथ जुड़ा है– इसमें उपापचयी लक्षण, मधुमेह टाइप–2 और कैंसर [18-20] आदि बीमारियां शामिल हैं। एचआईवी पॉजिटिव या एड्स से पीड़ित समलैंगिक भी नशे के ज्यादा इस्तेमाल के शिकार पाए जाते हैं, ये ड्रग्स प्रबल ऑक्सीकरण कारक हैं। यहां तक कि लुक मौंटैनियर (एचआईवी के सह–खोजकर्ता और नोबेल पुरस्कार विजेता) ने एचआईवी-एड्स पीड़ित मरीजों [21, 22] के इलाज के लिए ऐन्टी ऑक्सीडेन्ट्स रोधी के इस्तेमाल का सुझाव दिया।

"ऑक्सीडेटिव तनाव एड्स का सबब बन सकता है!"

2. जब एचआईवी-एड्स परिकल्पना प्रस्तुत की गई, तब उस समय नाइट्रिक ऑक्साइट पर शोध अपने शैशवकाल में था। अब यह बहुत ही अच्छी तरह जाना जाता है कि प्रतिरक्षण प्रणाली की सक्रियता में एनओ एक महत्वपूर्ण संकेतक अणु है [23]। रक्तचाप, रक्तशर्करा, उपापचयी क्रियाओं के नियंत्रण और सुरक्षा तंत्र के लिए एनओ के पर्याप्त स्तर की जरूरत होती है- हालांकि, एनओ की अत्यधिक मात्रा टी-कोशिका-रिक्तीकरण (एड्स को बयां करने का एक कारक), सूजन, संक्रमण और उपापचयी सिंड्रोम का कारण बन सकता है [24,25]- एनओ की अधिकता कई कारकों जैसे नाइट्राइट श्वसन प्रक्रिया (उदाहरण-पोपर्स), इम्युनोटोक्सिक दवाइयों (उदाहरण-एंटीरैक्ट्रोवाइरल) सहित और भी कई कारण हैं, जो समलैंगिक एचआईवी पीड़ित व्यक्ति विशेष में सामान्य रूप से पाए जाते हैं [18]- लैंगिक बर्ताव नहीं बल्कि ड्रग्स का इस्तेमाल एचआईवी पॉजिटिव समलिंगी जनसंख्या के लिए बड़ा जोखिम कारक है [24]। यहां तक कि वेश्याएं भी तब तब तक एचआईवी के संपर्क में नहीं आ सकतीं, जब तक वे ड्रग्स की आदी न हो गई हों।

"ड्रग्स का अत्यधिक सेवन एड्स का कारण है!"

3. वर्ष 1985 में एनआईएआईडी (नेशनल इंस्टीट्यूट ऑफ एलर्जी एंड इनफेक्सियस डिसीज) के निर्देशक डॉ. एंथोनी फाउसी ने यह रिपोर्ट दी कि प्रतिरक्षा कमी का एक बड़ा कारण कुपोषण है- यह विकासशील क्षेत्रों जैसे अफ्रीका में ज्यादा प्रासंगिक है [28]। यहां खसरा जैसी बीमारी लाखों लोगों की जिंदगी को प्रभावित करती है। कुपोषण, भीड़ में रहने के हालात और गरीबी, विश्व स्तर पर एड्स प्रभावित देशों-क्षेत्रों के इर्द-गिर्द सामान्य रूप से जानी जाती हैं। मां बनने जा रही किसी महिला में कुपोषण कभी-कभी जीवनपर्यंत प्रतिरक्षा को दबाने वाले कारकों को जन्म देता है [29]। साथ ही, कुपोषण के कारण होने वाला संक्रमण रोगक्षम-अपर्याप्तता होने की वजह बनता है- और यह नवजात शिशुओं की होने वाली मौत का सबसे बड़ा कारण है [29]।

4. दवाइयों के प्रतिरक्षा दबाव वाले प्रभाव निमोनिया, मुंह के छाले, बुखार और रात में पसीना आने के कारण हैं- इन प्रभावों में एड्स मरीजों के लिए बताई गई दवाइयां जैसे एजेडटी (एजिडोथाईमिडाइन) आदि, कीमोथैरेपी और अपने आनंद के लिए नशीली दवाइयों का दुरुपयोग भी शामिल है [30]।

"कुपोषण एड्स का कारण बन सकता है!"

5. तनाव, चिंता और निराशा समझौतावादी प्रतिरक्षा प्रणाली होने के लिए जाने जाते हैं। इससे एड्स की तरह ही लक्षण देखने को मिलते हैं [31]। मानसिक तनाव एक प्रकार का कोरटिसाल हॉर्मोन के निर्माण को बढ़ाने का काम करता है, जो अक्सर टी-कोशिकाओं में कमी कर देता है। इससे एचईआरवीएस (जैसा कि इस लेख में पहले विमर्श किया गया है) का निर्माण होता है- इस वजह से मिथ्या या गलत एचआईवी पॉजिटिव और एड्स जैसे लक्षणों की पहचान होती है।

निष्कर्ष

एड्स कोई नई बीमारी नहीं है जिसका सामना मानव जाति पिछले करीब 34 साल से कर रही है। वास्तव में, यह जानी-पहचानी 29 बीमारियों (इसमें न्यूमोनिया, क्षय रोग, कई प्रकार के कैंसर, डायरिया) का एक संग्रह है।

इन बीमारियों को सामूहिक रूप से एड्स का नाम दिया गया है- सीडीसी (सेंटर्स फॉर डिसीज कंट्रोल) के अनुसार अगर कोई मरीज 29 बीमारियों में से किसी एक के साथ एचआईवी पॉजिटिव पाया

"अवसाद एड्स होने का कारण हो सकता है!"

जाता है, तो उसे एड्स पीड़ित माना जाएगा। उदाहरण के लिए अगर कोई व्यक्ति क्षय रोग से पीड़ित है और साथ ही उसे एचआईवी पॉजिटिव भी पाया जाता है, तो उसकी बीमारी को एड्स कहा जाएगा। इसके उलट बीमारी केवल क्षय रोग कही जाएगी। हालांकि, सभी प्रकार के एचआईवी पता लगाने वाले टैस्टों में बड़ी त्रुटियां एवं कमियां हैं, जिसकी वजह से गलत रिपोर्ट भी आ सकती है। इस बाबत लेख के पहले भाग में बताया गया है।

इन टेस्टों की अविश्वसनीयता इन तथ्यों के साथ अच्छी तरह से समझी जा सकती है कि कानून किसी भी मरीज के एचआईवी दर्जे को कानूनी रूप से सही ठहराने के लिए इसे सबूत के रूप में मान्यता प्रदान नहीं करता। इस बात को वर्ष 2015 में चिकित्सीय और वैज्ञानिक न्याय कार्यालय (ओएमएसजे) द्वारा जारी किए गए अदालत के फैसले को प्रमाण के रूप में देखा जा सकता है।

23 फरवरी, वर्ष 2015 को अमरीकी सेना ने अदालत से एक डॉक्टर को सुनाई गई आठ साल की सजा को पलटने की अपील की। अदालत ने डॉक्टर को यह सजा सैक्स पार्टी में हिस्सा लेने

"एचआईवी एड्स होने का कारण है, इस बात को अदालत में साबित नहीं किया जा सका!"

और खुद के एचआईवी पॉजिटिव से पीड़ित होने का खुलासा करने के लिए सुनाई थी। अदालत ने कहा कि डॉक्टर के एचआईवी दर्जे के टेस्ट करने के लिए, उनके एचआईवी दर्जे को परखने के लिए सबूत कानूनी रूप से अपर्याप्त हैं। ऊपर बताए गए विमर्श पर विचार करते हुए यह निष्कर्ष बहुत ही अच्छे तरीके से निकाला जा सकता है कि 'एचआईवी-एड्स एक फैलने वाली बीमारी नहीं है: 'यह एक उपापचयी सिंड्रोम है।'

"एचआईवी टेस्ट यह स्थापित करने के लिए कि व्यक्ति विशेष एचआईवी पॉजिटिव से ग्रसित है, कानूनी रूप से स्वीकार्य नहीं है!"

संदर्भ खंड-1:

1. जॉन जे. बैड ब्लड: द टस्कजी साइफिल्स एक्सपेरिमेंट। नया और विस्तारित संस्करण, न्यूयार्क: द फ्री प्रेस: 1993

2. इनाउ, वाई.के.; निशिबे, वाई.; नाकामुरा वाई. वायरस एसोसिएडिट विद एस.एम.ओ.एन, जापान, 1971: पीपी. 853।

3. चौधरी बीआर. डायबिटीज रिवर्सल बॉय प्लांट बेस्ड डाइट, जे मेटब साइंर्ड, 2017; 6 (4)।

4. मर्फी एमएम, बारेट ईसी, ब्रेसनाहन केए, बराज एलएम. 100 प्रतिशत फलों का जूस और शर्करा और इंसुलीन संवेदनशीलता को नियंत्रित करने के उपाय- यह संवेदनशीलता एक व्यवस्थागत समीक्षा और बेतरतीब नियंत्रित परीक्षणों का धात्विक आंकलन- जे नर्ट साई. 2017

5. ड्युसबर्ग पी रैसनिक डी- द एड्स डिलेमा: दवा से जुड़ी बीमारयां, जिसके लिए पैसेंजर वायरस पर दोष मढ़ दिया गया। जेनेटिका- 1998; 104:85-132

6. रॉबर्ट एस - क्या रॉबर्ट गैलो नोबेल पुरस्कार के लायक थे? नए वैज्ञानिक 2008; (दिसंबर): 12-14

7. मार्क्र्स जेएल ह्यूमन टी-सैल ल्यूकेमिया वायरस को एड्स से जोड़ा गया- साइंस- 1983; 220 (4599): 806-809

8. पैपाडोपुलोस-इलियोपुलोस ई, टर्नर वीएफ, पेज बी ए पी, ब्रिंक ए, हॉजकिंसोन एन. एजेडटी और नेविरैपाइन के साथ मां से लेकर बच्चे तक एचआईवी का हस्तानांतरण और इसकी रोकथाम- सबूतों का महत्वपूर्ण आकलन, 2001 पर्थ जीआर।

9. 18 महीने में एचआईवी खोज का रहस्य। मार्च 20, 2013, द हिंदु।

10. बीमारी नियंत्रण के लिए केंद्र- मानव टी-लिंफोट्रोपिक वायरस टाइप 3 लिंफाडेनोपैथी से जुड़े वायरस संक्रमण के लिए वर्तमान प्रवृत्ति आधारित वर्गीकरण व्यवस्था- एमएमडब्ल्यूआर-1986; 30 (20): 343-9।

11. गैलो आरसी. गैलो ने 63 एड्स के मरीजों में से केवल 26 में एचआईवी की पहचान की- 1984; 224:502।

12. कलशॉ आर. साइंस सोल्ड आउट: क्या एचआईवी वास्तव में एड्स का कारण है? बर्कली, सीए: नॉर्थ अटलांटिक बुक्स-2007।

13. डी हार्वन ई ह्यूमन इंडोजेनस रेट्रोवायरसेस एंड एड्स रिसर्च: भ्रम, आम सहमति, या विज्ञान? जे एम फिजीशियन सर्जन-2010; 15 (3): 69-74।

14. ड्यूसबर्ग पीएच वाईयामोसयाईयानिस जे. एड्स: अच्छी खबर यह है कि एचआईवी एड्स का कारण नहीं है; बुरी खबर यह है कि उपचार के लिए ली जाने वाली दवाएं और चिकित्सीय इलाज एजेडटी करने के बराबर है- 1995।

15. सीडीसी. एचआईवी-एड्स निगरानी रिपोर्ट 1993 अंक 5, संख्या 4। एचआईवी/एड्स सर्वेइल रिप.- 1994;5(4): 1-33।

16. अल्टमैन एलके ने एड्स की विस्तीर्ण व्याख्या प्रस्तुत की, जो इसके बारे में और ज्यादा जानकारी प्रदान करती है- 1993।

17. अल्टमैन एलके. के अनुसार एड्स के मामले हेट्रोसेक्सुअल (विपरीत लिंग कामी) में ज्यादा हैं।

18. केयो एफएक्स, बेलेक एल., सुंग पीएम, कैंक्रे एन, ग्रे-सेंगुएट जी. विश्व स्वास्थ्य संगठन की अफ्रीका में एड्स के लिए परिभाषाः मूल्य निर्धारण का आकलनः *ईस्ट एएफआर मेड जे.* 1992; 69 (10): 550-553।

19. कनाडा में एवरिल एचआईवी और एड्स। हर मैजेस्टी क्वीन राइट कनाडा- 2006; (अप्रैल): 1-97

20. जॉनसन सी (कोन्टिनम)- एचआईवी और एड्स-शरीररोधी टेस्ट परिणामों में गलत पॉजिटिव एचआईवी की वजहों के पीछे के कारक- 1996:4 (3): 4-5।

21. एंडरसन एम- एचआईवी एंड एड्सः एड्स पुनर्मूल्यांकन-पिछले मुद्दे- द बिग टीज वैली एडवोकेट- 1997

22. बर्ड एजी- गैर-एचआईवी एड्स- प्रबंधन के लिए स्वभाल और रणनितियां। जे एंटिमिक्रोब केमदर। 1996; 37 सप्पल बी (मार्च): 171-183

23. फ्लेमिंग टीआर; डिमेट्स डीएल- चिकित्सीय परीक्षण में कृत्रिमता को खत्म करने वाले बिंदु: क्या हमें गलत मार्ग दिखाया जा रहा है? एन इंटर्न मेडि. 1996; 125 (7): 605-613।

24. कार्ने डब्ल्यूपी, रुबिन आरएच, हॉफमैन आरए, हैनसेन डब्ल्यूपी, हीली के, हिसर्क एमएस।

25. बाल चिकित्सा एचआईवी संक्रमण में एंटिरेट्रोवायरल वायरल एजेंट्स के इस्तेमाल के लिए सर्विसेज गाइडलाइंस, जनवरी 7,2000- एचआईवी क्लिन ट्रायल्स, 19981;1 (3): 58-99।

26. पेज-शैफर के, वेउजेलर्स पीजे, मोस एआर, स्टार्थी एस, कैलडोर जेएम, वैन ग्रेंसेवन जीजेपी. ट्राईकॉन्टिनेंटल सेरोकनवर्टर स्टडी में हिस्सा लेने वाले समलिंगी लोगों में एचआईवी-1 सेरोकनवर्जन के लिए लैंगिक जोखिम बर्ताव और जोखिम कारक, 1982-1994, एएम जे एपिडेमिओल- 1997; 146 (7): 531-542।

27. फैरजाडिगन एच, पोइल्स, एमए, वोलिंस्की एसएम, ईटी एएल। स्पोर्शोन्मुख समलिंगी पुरुष में वायरल संक्रमण के सबूत के साथ टाइप-1 शरीररोधी मानव रोगक्षम-अपर्याप्तता वायरस का नुकसान।

28. जॉर्डन आर, गोल्ड एल, कमिंस सी, हाइड सी, एंटिरेट्रोवायरस कॉम्बिनेशन थेरैपी में दवाइयों की संख्या बढ़ाने के लिए सबूतों की व्यवस्थागत समीक्षा और धात्विक विश्लेषण- बीएमजे- 2002; 324 (7340): 757।

संदर्भ खंड-2:

1. बैबिच बी (2015) कॉलिंग साइंस पीसेडुसाइंस: प्लेक के पुरातत्व विज्ञान के तथ्य और एड्स डेनियालिज्म एंड होमियोपैथी में एड्स डेनियालिज्म में लैटोर की आत्मकथा- इंटरननेट स्टड फिलोस 29:1-39।

2. फारबर सी (1994) एचआईवी एड्स-कैरी मुलिस के साथ साक्षात्कार, एड्स, सामने से शब्द।

3. लासन टी (2007: डॉक्टर एंड नोबेल लाउरऐट ने कहा कि एचआईवी-एड्स जैव आतंकवाद है।

4. ड्यूसबर्ग पी, रैसनिक डी (1998) द एड्स डिलेमा: दवा के रोग पैसेंजर वायरस को दोष देती हैं- जेनेटिका 104:85-132।

5. मुलिस के (1998) डांसिंग नेक्ड इन माइंड फील्ड पैंथियोन बुक्स।

6. शेंटोन जे (1998) सकारात्मक झूठ का एचआईवी और एड्स के इर्द-गिर्द कल्पित बातों को बेनकाब करना।

7. अल्टमैन एलके (1984) शोधकर्ता यह विश्वास करते हैं कि एड्स वायरस का पता लगा लिया गया है, न्यूयार्क टाइम्स।

8. गैलो आरसी (1984) गैलो ने पता लगाया कि एचआईवी 63 में से 26 मरीजों में ही पाया जा जाता है। गैलो की एक ऐतिहासिक सारांश-पीडीएफ

9. सेंटर्स फॉर डिसीज कंट्रोल (1984) रेट्रोवायरस एटियलॉजिकली का शरीररोधी सिंड्रोम की बढ़ती हुई घटनाओं के साथ जनसंख्या में एक्वॉयर्ड इमुनोडिफिसिएंसी सिंड्रोम (एड्स) के साथ जुड़ा हुआ है। अमरीकी चिकित्सीय एसोसिएशन की पत्रिका 33:377-379।

10. जॉनसन सी (1996) एचआईवी एंड एड्स- चाहे वे किसी के भी शरीररोधी हों? कारक झूठे या गलत पॉजिटिव एचआईवी शरीररोधी टेस्ट परिणाम के लिए जाने जाते हैं।

11. बाउएर एचएच (2010) एचआईवी टेस्ट एचआईवी टेस्ट नहीं है। अमरीकी फिजिशियंस और सर्जन की पत्रिका 15: 5-9।

12. लाउरिटसेन जे (1996) एचआईवी एंड एड्स- क्या प्रोविंस टाउन प्रोटीज टाउन में तब्दील हो चुका है। न्यूयार्क नेटिव।

13. नेल्सन पी (2003) रहस्य हटाना... मानव अंतर्जात रेट्रोवायरस-आणविक विकृति 56:11-18।

14. ओवेंस डीके (1996): व्यस्कों में एचआईवी संक्रमण के इलाज के लिए पोलीमरेज श्रृंखला अभिक्रिया।

15. सिंह एसके (2007) अंतर्जात रेट्रोवायरस: बीमारियों की दुनिया में संदिग्ध। भविष्य की माइक्रोबायोलॉजी 2:269-275।

16. डी हार्वेन ई (2010): मानव अंतर्जात रेट्रोवायरस और एड्स शोध: भ्रम, आम सहमति, या विज्ञान? अमरीकी फिजीशियन और सर्जनों की पत्रिका 15: 69-74। जे मेटाबोलिक सिंड, एक खुली पहुंच वाली पत्रिका आईएसएसएन: 2167-0943 संस्करण 7- अंक 1- 1000239

17. कलशॉ आर (2007) साइंस सोल्ड आउट: क्या एचआईवी वास्तव में एड्स का कारण है? नॉर्थ अटलांटिक बुक्स, बर्कले, सीए।

18. क्रेमर एच (2012) कैंसर और एड्स दवाइयों में मौन क्रांति शिलबरिस कॉर्पोरेशन।

19. नल जी (2002) एड्स-ए-सेकेंड ओपिनियन, सेवन स्टोरीज प्रेस, न्यूयार्क।

20. वॉटसन जेडी (2014) अपचयोपचय बीमारियों के रूप में टाइप-2 डायबिटीज अवधारणा। द लैंसेट 383: 841-843।

21. गोजियोन एमएल, मोंटागनियर एल (1993) एड्स में एपोपटोसिस। साइंस 260:1269-1270।

22. एलोपुलोस ईपी, टर्नर वीफ़, पैपाडिमित्रिओयू जेएम, काउसर डी, थॉमस बीएच, ईटी एएल (1996)। एचआईवी-टी4-सेल-एड्स परिकल्पना का महत्वपूर्ण आकलन। आनुवंशिकी और विकास 3-22।

23. अकटन एफ (2004) आईएनओएस मध्यस्थता वाले नाइट्रिक ऑक्साइड उत्पाद और इसके विनियमन- लाइफ साइंस 75: 639-653।

24. लेकर एम, लिर्क पी, राइडर जे (2005) ट्यूमर जीव विज्ञान में स्थायी नाइट्रिक ऑक्साइड सिंथेस (आईएनओएस)-एक ही सिक्के के दो पहलू- 15:277-289।

25. पेज-शैफ्फर के, वेयुजेलर्स पीजे, मोस एआर, स्ट्राथडि- एस, कैलडोर जेएम, ईटी एएल (1997) ट्राइकॉन्टिनेंटल सेरोकनवर्टर स्टडी में हिस्सा लेने वाले समलिंगी पुरुषों में एचआईवी-1 सेरोकनवर्जन के लिए लैंगिक जोखिम बर्ताव और जोखिम कारक, 1982-1994। एएम जे एपिडमियोल 146:531-542।

26. रोसेनबर्ग एमजे, वेनर जेएम (1988) वेश्या; और एड्स: स्वास्थ्य विभाग की प्राथमिकता? एएम जे पब्लिक हेल्थ 78: 418-423।

27. फियाला सी (2000) एचआईवी एंड एड्स- एचआईवी के विपरीत लिंगी कामी हस्तानांतरण और रोकथाम अभियानों के खिलाफ महामारी विज्ञानी।

28. विलनर रे (1994) घातक धोखा, इस बात का प्रमाण कि सेक्स और एचआईवी पूर्ण रूप से एड्स की वजह नहीं है।

29. चंद्रा आरके (1983) पोषण, रोग प्रतिरोधक शक्ति और संक्रमण: वर्तमान ज्ञानन और भविष्य दिशा-निर्देश- लैंसेट 321:688-691।

30. लैन केएजी (1999) द मर्क मैनुअलः चिकित्सीय प्रकाशन और अभ्यास की शताब्दी।

31. बेनसन एच (1997) नोसेबो इफेक्टः इतिहास और शारीरिक विज्ञान- रोकथाम की दवाएं 26:612-615।

32. चिकित्सीय और वैज्ञानिक न्याय (2015) का कार्यालय सैन्य अपील अदालत ने एचआईवी अपराध से जुड़े फैसले को पलट दिया।

Let every morning be the Hunza Morning

If you have decided to pick only one of my suggestions for the sake of your health. Then take this suggestion:

Stop consuming tea specially, morning tea. The early morning tea makes the inner lining of your intestinal wall acidic, as after night of fasting your stomach is empty and craving for food. An acidic stomach on a regular basis is the single biggest cause of all kind of inflammatory and lifestyle diseases including arthritis, diabetes etc.

How to stop craving of tea ⟶ Switch to Hunza Tea

Hunza Civilization: Hunza people are the Indians living at extreme northwest of India in Hindu Kush range. They are known to be one of the world's healthiest civilizations, often living up to the age of 110 years.

How to prepare Hunza Tea (serves four):

Ingredients:
- 12 Mint leaves(Pudina)
- 8 Basil Leaves(Tulsi)
- 4 Green cardamom (Elaichi)
- 2 gm Cinnamon (Dalchini)
- 20 gm Ginger (Adrak)
- 20 gm Jaggery (Gur)

Instructions:
- Take 4 cups of water in a tea pan
- Add all ingredients, simmer it for 10mins
- Add a dash of lemon juice and serve hot or cold

For those who are too lazy to collect the above ingredients (to make their own hunza tea) may order

76 Cups of Hunza Health

₹ 225/-
(Courier charges extra)

You may place your order at:

Dynamic Memory Pvt. Ltd.
B-121, 2nd Floor, Green Fields,
Faridabad (Haryana)
Mobile No.: 09312286540, 09313378451
E-mail: mw@asiabookofrecords.com

Books by Neerja Roy Chowdhury

Let food be your medicine

Price: ₹ 350/-

Learn to Learn Fast

Price: ₹ 195/-
(Courier charges extra)

Log on to www.biswaroop.com
to buy products

Place your order at:

Dynamic Memory Pvt. Ltd.
B-121, 2nd Floor, Green Fields, Faridabad (Haryana)
Mobile No.: 09312286540, 09313378451
E-mail: mw@asiabookofrecords.com